1467

MARIANA PINEDA
DOÑA ROSITA LA SOLTERA
o
EL LENGUAJE DE LAS FLORES

FEDERICO GARCÍA LORCA

MARIANA PINEDA

DOÑA ROSITA LA SOLTERA

o

EL LENGUAJE DE LAS FLORES

Octava edición

COLECCIÓN AUSTRAL

ESPASA-CALPE

Primera edición:	21 -	V	- 1971
Segunda edición:	20 -	II	- 1976
Tercera edición:	28 -	II	- 1979
Cuarta edición:	15 -	VII	- 1980
Quinta edición:	29 -	IX	- 1981
Sexta edición:	14 -	X	- 1982
Séptima edición:	31 -	I	- 1984
Octava edición:	12 -	VII	- 1985

—

Maqueta de cubierta: Enric Satué

—

Depósito legal: M. 24.707 — 1985

ISBN 84 — 239 — 1467 — 4

Impreso en España

Printed in Spain

Acabado de imprimir el día 12 de julio de 1985

Talleres gráficos de la Editorial Espasa-Calpe, S. A.
Carretera de Irún, km. 12,200. 28049 Madrid

ÍNDICE

MARIANA PINEDA

Prólogo... 11
Estampa primera................................. 13
Estampa segunda................................. 53
Estampa tercera................................. 98

DOÑA ROSITA LA SOLTERA
O EL LENGUAJE DE LAS FLORES

Acto primero...................................... 133
Acto segundo..................................... 160
Acto tercero...................................... 201

MARIANA PINEDA

ROMANCE POPULAR EN TRES ESTAMPAS
(1925)

A LA GRAN ACTRIZ
MARGARITA XIRGU

FEDERICO GARCÍA LORCA (1927)

PERSONAJES

MARIANA PINEDA.

ISABEL LA CLAVELA.

DOÑA ANGUSTIAS.

AMPARO.

LUCÍA.

NIÑO.

NIÑA.

SOR CARMEN.

NOVICIA 1.ª

NOVICIA 2.ª

MONJA.

DON PEDRO SOTOMAYOR.

FERNANDO.

PEDROSA.

ALEGRITO.

CONSPIRADOR 1.º

CONSPIRADOR 2.º

CONSPIRADOR 3.º

CONSPIRADOR 4.º

MUJER DEL VELÓN.

NIÑAS.

MONJAS.

PRÓLOGO

Telón representando el desaparecido arco árabe de las Cucharas y perspectiva de la plaza Bibarrambla, en Granada, encuadrado en un margen amarillento, como una vieja estampa iluminada en azul, verde, amarillo, rosa y celeste, sobre un fondo de paredes negras. Una de las casas que se vean estará pintada con escenas marinas y guirnaldas de frutas. Luz de luna. Al fondo, las niñas cantarán con acompañamiento el romance popular:

¡Oh, qué día tan triste en Granada,
que a las piedras hacía llorar
al ver que Marianita se muere
en cadalso por no declarar!

Marianita sentada en su cuarto
no paraba de considerar:
«Si Pedrosa me viera bordando
la bandera de la Libertad.»

(Más lejos.)

¡Oh, qué día tan triste en Granada,
las campanas doblar y doblar!

(De una ventana se asoma una MUJER *con un velón encendido. Cesa el coro.)*

MUJER

¡Niña! ¿No me oyes?

NIÑA

(Desde lejos)

¡Ya voy!

(Por debajo del arco aparece una NIÑA *vestida según la moda del año 1850, que canta:)*

Como lirio cortaron el lirio,
como rosa cortaron la flor,
como lirio cortaron el lirio,
mas hermosa su alma quedó.

(Lentamente, entra en su casa. Al fondo, el coro continúa.)

¡Oh, qué día tan triste en Granada,
que a las piedras hacía llorar!

Telón lento

ESTAMPA PRIMERA

Casa de Mariana. Paredes blancas. Al fondo, balconcillos pin-
tados de oscuro. Sobre una mesa, un frutero de cristal lleno
de membrillos. Todo el techo estará lleno de esta misma fruta,
colgada. Encima de la cómoda, grandes ramos de rosas de
seda. Tarde de otoño. Al levantarse el telón aparece DOÑA AN-
GUSTIAS, *madre adoptiva de Mariana, sentada, leyendo. Viste*
de oscuro. Tiene un aire frío, pero es maternal al mismo tiem-
po. ISABEL LA CLAVELA *viste de maja. Tiene treinta y siete años*

ESCENA I

CLAVELA

(Entrando)

¿Y la niña?

ANGUSTIAS

(Dejando la lectura)

Borda y borda lentamente.
Yo lo he visto por el ojo de la llave.
Parecía el hilo rojo, entre sus dedos,
una herida de cuchillo sobre el aire.

CLAVELA

¡Tengo un miedo!

ANGUSTIAS

¡No me digas!

CLAVELA

(Intrigada)

¿Se sabrá?

ANGUSTIAS

Desde luego, por Granada no se sabe.

CLAVELA

¿Por qué borda esa bandera?

ANGUSTIAS

     Ella me dice
que la obligan sus amigos liberales.

       (Con intención.)

Don Pedro, sobre todos; y por ellos
se expone...

      (Con gesto doloroso.)

  a lo que no quiero acordarme.

CLAVELA

Si pensara como antigua, le diría...
embrujada.

ANGUSTIAS

(Rápida)

  Enamorada.

CLAVELA

(Rápida)

  ¿Sí?

ANGUSTIAS

(Vaga)

   ¿Quién sabe?

       (Lírica.)

Se le ha puesto la sonrisa casi blanca,
como vieja flor abierta en un encaje.
Ella debe dejar esas intrigas.
¿Qué le importan las cosas de la calle?

Y si borda, que borde unos vestidos
para su niña, cuando sea grande.
Que si el rey no es buen rey, que no lo sea;
las mujeres no deben preocuparse.

CLAVELA

Esta noche pasada no durmió.

ANGUSTIAS

¡Si no vive! ¿Recuerdas?... Ayer tarde...
(Suena una campanilla alegremente.)
Son las hijas del Oidor. Guarda silencio.
(Sale CLAVELA, *rápida.* ANGUSTIAS *se dirige a la
puerta de la derecha y llama.)*
Marianita, sal, que vienen a buscarte.

ESCENA II

*Entran dando carcajadas las hijas del Oidor de la Chanci-
llería. Visten enormes faldas de volantes y vienen con manti-
llas, peinadas a la moda de la época, con un clavel rojo en cada
sien.* LUCÍA *es rubia tostada, y* AMPARO, *morenísima, de ojos
profundos y movimientos rápidos*

ANGUSTIAS

(Dirigiéndose a besarlas, con los brazos abiertos)

¡Las dos bellas del Campillo
por esta casa!

AMPARO

(Besa a DOÑA ANGUSTIAS *y dice a* CLAVELA:)*

¡Clavela!
¿Qué tal tu esposo el clavel?

CLAVELA

(Marchándose, disgustada, y como temiendo más bromas)
¡Marchito!

LUCÍA

(Llamando al orden)

¡Amparo!

(Besa a ANGUSTIAS.*)*

AMPARO

(Riéndose)

¡Paciencia!
¡Pero clavel que no huele,
se corta de la maceta!

LUCÍA

Doña Angustias, ¿qué os parece?

ANGUSTIAS

(Sonriendo)

¡Siempre tan graciosa!

AMPARO

Mientras
que mi hermana lee y relee
novelas y más novelas,
o borda en el cañamazo
rosas, pájaros y letras,
yo canto y bailo el jaleo
de Jerez, con castañuelas:
el vito, el ole, el sorongo,
y ojalá siempre tuviera
ganas de cantar, señora.

ANGUSTIAS

(Riendo)

¡Qué chiquilla!

(AMPARO *coge un membrillo y lo muerde.*)

LUCÍA

(Enfadada)

¡Estate quieta!

AMPARO

(Habla con lo agrio de la fruta entre los dientes)

¡Buen membrillo!

(Le da un calofrío por lo fuerte del ácido, y guiña.)

ANGUSTIAS

(Con las manos en la cara)

¡Yo no puedo

mirar!

LUCÍA

(Un poco sofocada)

¿No te da vergüenza?

AMPARO

Pero ¿no sale Mariana?
Voy a llamar a su puerta.

(Va corriendo y llama.)

¡Mariana, sal pronto, hijita!

LUCÍA

¡Perdonad, señora!

ANGUSTIAS

(Suave)

¡Déjala!

ESCENA III

La puerta se abre y aparece MARIANA, *vestida de malva claro,
con un peinado de bucles, peineta y una gran rosa roja detrás
de la oreja. No tiene más que una sortija de diamantes en su
mano siniestra. Aparece preocupada, y da muestras, conforme
avanza el diálogo, de vivísima inquietud. Al entrar* MARIANA
en escena, las dos muchachas corren a su encuentro

AMPARO

(Besándola)

¡Cómo has tardado!

MARIANA

(Cariñosa)

¡Niñas!

LUCÍA

(Besándola)

¡Marianita!

AMPARO

¡A mí otro beso!

LUCÍA

¡Y otro a mí!

MARIANA

¡Preciosas!

(A DOÑA ANGUSTIAS.)

¿Trajeron una carta?

ANGUSTIAS

¡No!

(Queda pensativa.)

AMPARO

(Acariciándola)

Tú, siempre
joven y guapa.

MARIANA

(Sonriendo con amargura)

¡Ya pasé los treinta!

AMPARO

¡Pues parece que tienes quince!

(Se sientan en un amplio sofá, una a cada lado. DOÑA ANGUSTIAS recoge su libro y arregla una cómoda.)

MARIANA

(Siempre con un dejo de melancolía)

¡Amparo!
¡Viudita y con dos niños!

LUCÍA

¿Cómo siguen?

MARIANA

Han llegado ahora mismo del colegio.
Y estarán en el patio.

ANGUSTIAS

Voy a ver.
No quiero que se mojen en la fuente.
¡Hasta luego, hijas mías!

LUCÍA

(Fina siempre)

¡Hasta luego!

(Se va DOÑA ANGUSTIAS.)

ESCENA IV

MARIANA

Tu hermano Fernando, ¿cómo sigue?

LUCÍA

Dijo
que vendría a buscarnos, para saludarte.

(Ríe.)

Se estaba poniendo su levita azul.
Todo lo que tienes le parece bien.
Quiere que vistamos como tú te vistes.
Ayer...

AMPARO

(Que tiene siempre que hablar, la interrumpe)

Ayer mismo nos dijo que tú

(LUCÍA queda seria.)

tenías en los ojos... ¿Qué dijo?

LUCÍA

(Enfadada)

¿Me dejas
hablar?

(Hace intención de hacerlo.)

AMPARO

(Rápida)

¡Ya me acuerdo! Dijo que en tus ojos
había un constante desfile de pájaros.

*(Le coge la cabeza por la barbilla y le mira
los ojos.)*

Un temblor divino, como de agua clara,
sorprendida siempre bajo el arrayán,

o temblor de luna sobre una pecera
donde un pez de plata finge rojo sueño.

LUCÍA

(Sacudiendo a MARIANA*)*

¡Mira! Lo segundo son inventos de ella.

(Ríe.)

AMPARO

¡Lucía, eso dijo!

MARIANA

¡Qué bien me causáis
con vuestra alegría de niñas pequeñas!
La misma alegría que debe sentir
el gran girasol, al amanecer,
cuando sobre el tallo de la noche vea
abrirse el dorado girasol del cielo.

(Les coge las manos.)

La misma alegría que la viejecilla
siente cuando el sol se duerme en sus manos
y ella lo acaricia creyendo que nunca
la noche y el frío cercarán su casa.

LUCÍA

¡Te encuentro muy triste!

AMPARO

¿Qué tienes?

(Entra CLAVELA.*)*

MARIANA

(Levantándose rápidamente)

¡Clavela!

¿Llegó? ¡Di!

CLAVELA

(Triste)

¡Señora, no ha venido nadie!

(Cruza la escena y se va.)

LUCÍA

Si esperas visita, nos vamos.

AMPARO

Lo dices,

y salimos.

MARIANA

(Nerviosa)

¡Niñas, tendré que enfadarme!

AMPARO

No me has preguntado por mi estancia en Ronda.

MARIANA

Es verdad que fuiste; ¿y has vuelto contenta?

AMPARO

Mucho. Todo el día baila que te baila.

(MARIANA está inquieta, y, llena de angustia, mira a las puertas y se distrae.)

LUCÍA

(Seria)

Vámonos, Amparo.

MARIANA

(Inquieta por algo que ocurre fuera de la escena)

¡Cuéntame! Si vieras

cómo necesito de tu fresca risa,
cómo necesito de tu gracia joven.
Mi alma tiene el mismo color del vestido.

(MARIANA *sigue de pie.*)

AMPARO

Qué cosas tan lindas dices, Marianilla.

LUCÍA

¿Quieres que te traiga una novela?

AMPARO

Tráele
la plaza de toros de la ilustre Ronda.

(*Ríen. Se levanta y se dirige a* MARIANA.)

¡Siéntate!

(MARIANA *se sienta y la besa.*)

MARIANA

(*Resignada*)

¿Estuviste en los toros?

LUCÍA

¡Estuvo!

AMPARO

En la corrida más grande
que se vio en Ronda la vieja.
Cinco toros de azabache,
con divisa verde y negra.
Yo pensaba siempre en ti;
yo pensaba: si estuviera
conmigo mi triste amiga,
mi Marianita Pineda.
Las niñas venían gritando

sobre pintadas calesas
con abanicos redondos
bordados de lentejuelas.
Y los jóvenes de Ronda
sobre jacas pintureras,
los anchos sombreros grises
calados hasta las cejas.
La plaza, con el gentío
(calañés y altas peinetas)
giraba como un zodíaco
de risas blancas y negras.
Y cuando el gran Cayetano
cruzó la pajiza arena
con traje color manzana,
bordado de plata y seda,
destacándose gallardo
entre la gente de brega
frente a los toros zaínos
que España cría en su tierra,
parecía que la tarde
se ponía más morena.
¡Si hubieras visto con qué
gracia movía las piernas!
¡Qué gran equilibrio el suyo
con la capa y la muleta!
Ni Pepe-Hillo ni nadie
toreó como él torea.
Cinco toros mató; cinco,
con divisa verde y negra.
En la punta de su estoque
cinco flores dejó abiertas,
y a cada instante rozaba

los hocicos de las fieras,
como una gran mariposa
de oro con alas bermejas.
La plaza, al par que la tarde,
vibraba fuerte, violenta,
y entre el olor de la sangre
iba el olor de la sierra.
Yo pensaba siempre en ti;
yo pensaba: si estuviera
conmigo mi triste amiga,
mi Marianita Pineda.

. . . .

MARIANA

(Emocionada y levantándose)

¡Yo te querré siempre a ti
tanto como tú me quieras!

LUCÍA

(Se levanta)

Nos retiramos; si sigues
escuchando a esta torera,
hay corrida para rato.

AMPARO

Y dime: ¿estás más contenta?;
porque este cuello, ¡oh, qué cuello!,

(La besa en el cuello.)

no se hizo para la pena.

LUCÍA

(En la ventana)

Hay nubes por Parapanda.
Lloverá, aunque Dios no quiera.

AMPARO

¡Este invierno va a ser de agua!
¡No podré lucir!

LUCÍA

¡Coqueta!

AMPARO

¡Adiós, Mariana!

MARIANA

¡Adiós, niñas!

(Se besan.)

AMPARO

¡Que te pongas más contenta!

MARIANA

Tardecillo es. ¿Queréis
que os acompañe Clavela?

AMPARO

¡Gracias! Pronto volveremos.

LUCÍA

¡No bajes, no!

MARIANA

¡Hasta la vuelta!

(Salen.)

ESCENA V

MARIANA *atraviesa rápidamente la escena y mira la hora en uno de esos grandes relojes dorados, donde sueña toda la poesía exquisita de la hora y el siglo. Se asoma a los cristales y ve la última luz de la tarde*

MARIANA

Si toda la tarde fuera
como un gran pájaro, ¡cuántas
duras flechas lanzaría
para cerrarle las alas!
Hora redonda y oscura
que me pesa en las pestañas.
Dolor de viejo lucero
detenido en mi garganta.
Ya debieran las estrellas
asomarse a mi ventana
y abrirse lentos los pasos
por la calle solitaria.
¡Con qué trabajo tan grande
deja la luz a Granada!
Se enreda entre los cipreses
o se esconde bajo el agua.
¡Y esta noche que no llega!

(Con angustia.)

¡Noche temida y soñada;
que me hieres ya de lejos
con larguísimas espadas!

FERNANDO
(En la puerta)

Buenas tardes.

MARIANA
(Asustada)

¿Qué?

(Reponiéndose.)

¡Fernando!

FERNANDO

¿Te asusto?

MARIANA

No te esperaba

(Reponiéndose.)

y tu voz me sorprendió.

FERNANDO

¿Se han ido ya mis hermanas?

MARIANA

Ahora mismo. Se olvidaron
de que vendrías a buscarlas.

> (FERNANDO *viste elegantemente la moda de la*
> *época. Mira y habla apasionadamente. Tiene*
> *dieciocho años. A veces le temblará la voz y se*
> *turbará a menudo.*)

FERNANDO

¿Interrumpo?

MARIANA

Siéntate.

(Se sientan.)

FERNANDO
(Lírico)

¡Cómo me gusta tu casa!
Con este olor a membrillos.

(Aspira.)

Y qué preciosa fachada
tienes..., llena de pinturas
de barcos y de guirnaldas.

MARIANA

(Interrumpiéndole)

¿Hay mucha gente en la calle?

(Inquieta.)

FERNANDO

(Sonríe)

¿Por qué preguntas?

MARIANA

(Turbada)
Por nada.

FERNANDO

Pues hay mucha gente.

MARIANA

(Impaciente)
¿Dices?

FERNANDO

Al pasar por Bibarrambla
he visto dos o tres grupos
de gente envuelta en sus capas,
que aguantando el airecillo
a pie firme comentaban
el suceso.

MARIANA

(Ansiosamente)
¿Qué suceso?

FERNANDO

¿Sospechas de qué se trata?

MARIANA

¿Cosas de masonería?

FERNANDO

Un capitán que se llama...

(MARIANA *está como en vilo.*)

no recuerdo..., liberal,
prisionero de importancia,
se ha fugado de la cárcel
de la Audiencia.

(*Viendo a* MARIANA.)

¿Qué te pasa?

MARIANA

Ruego a Dios por él. ¿Se sabe
si le buscan?

FERNANDO

Ya marchaban,
antes de venir yo aquí,
un grupo de tropas hacia
el Genil y sus puentes
para ver si lo encontraban,
y es fácil que lo detengan
camino de la Alpujarra.
¡Qué triste es esto!

MARIANA

(*Llena de angustia*)

¡Dios mío!

FERNANDO

Y las gentes cómo aguantan.
Señores, ya es demasiado.
El preso, como un fantasma,
se escapó; pero Pedrosa
ya buscará su garganta.
Pedrosa conoce el sitio
donde la vena es más ancha,
por donde brota la sangre
más caliente y encarnada.
¡Qué chacal! ¿Tú le conoces?

(La luz se va retirando de la escena.)

MARIANA

Desde que llegó a Granada.

FERNANDO

(Sonriendo)

¡Bravo amigo, Marianita!

MARIANA

Le conocí por desgracia.
Él está amable conmigo
y hasta viene por mi casa,
sin que yo pueda evitarlo.
¿Quién le impediría la entrada?

FERNANDO

Ojo, que es un viejo verde.

MARIANA

Es un hombre que me espanta.

FERNANDO

¡Qué gran alcalde del crimen!

MARIANA

¡No puedo mirar su cara!

FERNANDO

(Serio)

¿Te da mucho miedo?

MARIANA

¡Mucho!
Ayer tarde yo bajaba
por el Zacatín. Volvía
de la iglesia de Santa Ana,
tranquila; pero de pronto
vi a Pedrosa. Se acercaba,
seguido de dos golillas,
entre un grupo de gitanas.
¡Con un aire y un silencio!...
¡Él notó que yo temblaba!

(La escena está en una dulce penumbra.)

FERNANDO

¡Bien supo el rey lo que se hizo
al mandarlo aquí a Granada!

MARIANA

(Levantándose)

Ya es noche. ¡Clavela! ¡Luces!

FERNANDO

Ahora los ríos sobre España,
en vez de ser ríos son
largas cadenas de agua.

MARIANA

Por eso hay que mantener
la cabeza levantada.

CLAVELA

(Entrando con dos candelabros)
¡Señora, las luces!

MARIANA

(Palidísima y en acecho)
¡Déjalas!
(Llaman fuertemente a la puerta.)

CLAVELA

¡Están llamando!

(Coloca las luces.)

FERNANDO

(Al ver a MARIANA descompuesta)
¡Mariana!
¿Por qué tiemblas de ese modo?

MARIANA

(A CLAVELA, gritando en voz baja)
¡Abre pronto, por Dios, anda!

*(Sale CLAVELA corriendo. MARIANA queda en
actitud expectante junto a la puerta, y FER-
NANDO, de pie.)*

ESCENA VI

FERNANDO

Sentiría en el alma ser molesto...
Marianita, ¿qué tienes?

MARIANA
(Angustiada exquisitamente)
Esperando,
los segundos se alargan de manera
irresistible.

FERNANDO
(Inquieto)
¿Bajo yo?

MARIANA
Un caballo
se aleja por la calle. ¿Tú lo sientes?

FERNANDO

Hacia la vega corre.

(Pausa.)

MARIANA
Ya ha cerrado
el postigo Clavela.

FERNANDO
¿Quién será?

MARIANA
(Turbada y reprimiendo una honda angustia)
¡Yo no lo sé!

(Aparte.)

¡Ni siquiera pensarlo!

CLAVELA

(Entrando)

Una carta, señora.

(MARIANA *coge la carta ávidamente.*)

FERNANDO

(Aparte)

¡Qué será!

CLAVELA

Me la entregó un jinete. Iba embozado
hasta los ojos. Tuve mucho miedo.
Soltó las bridas y se fue volando
hacia lo oscuro de la plazoleta.

FERNANDO

Desde aquí lo sentimos.

MARIANA

¿Le has hablado?

CLAVELA

Ni yo le dije nada, ni él a mí.
Lo mejor es callar en estos casos.

(FERNANDO *cepilla el sombrero con su manga,
tiene el semblante inquieto.*)

MARIANA

(Con la carta)

¡No la quisiera abrir! ¡Ay, quién pudiera
en esta realidad estar soñando!
¡Señor, no me quitéis lo que más quiero!

(Rasga la carta y lee.)

FERNANDO

(A CLAVELA, *ansiosamente)*

Estoy confuso. ¡Esto es tan extraño!
Tú sabes lo que tiene. ¿Qué le ocurre?

CLAVELA

Ya le he dicho que no lo sé.

FERNANDO

(Discreto)

Me callo.

Pero...

CLAVELA

(Continuando la frase)

¡Pobre doña Mariana mía!

MARIANA

(Agitada)

¡Acércame, Clavela, el candelabro!

(CLAVELA *se lo acerca corriendo.* FERNANDO *cuelga lentamente la capa sobre sus hombros.)*

CLAVELA

(A MARIANA)

¡Dios nos guarde, señora de mi vida!

FERNANDO

(Azorado e inquieto)

Con tu permiso...

MARIANA

(Queriendo reponerse)

¿Ya te vas?

FERNANDO

Me marcho;
voy al café de la Estrella.

MARIANA

(Tierna y suplicante)
Perdona
estas inquietudes...

FERNANDO

(Digno)
¿Necesitas algo?

MARIANA

(Conteniéndose)
Gracias... Son asuntos familiares hondos,
y tengo yo misma que solucionarlos.

FERNANDO

Yo quisiera verte contenta. Diré
a mis hermanillas que vengan un rato,
y ojalá pudiera prestarte mi ayuda.
Adiós, que descanses.

(Le estrecha la mano.)

MARIANA

Adiós.

FERNANDO

(A Clavela)
Buenas noches.

CLAVELA

Salga, que yo le acompaño.

(Se van.)

MARIANA

(En el momento de salir FERNANDO, *da rienda suelta
a su angustia)*

¡Pedro de mi vida! ¿Pero quién irá?
Ya cercan mi casa los días amargos.
Y este corazón, ¿adónde me lleva,
que hasta de mis hijos me estoy olvidando?
¡Tiene que ser pronto y no tengo a nadie!
¡Yo misma me asombro de quererle tanto!
¿Y si le dijese... y él lo comprendiera?
¡Señor, por la llaga de vuestro costado!

(Sollozando.)

Por las clavellinas de su dulce sangre,
enturbia la noche para los soldados.

(En un arranque, viendo el reloj.)

¡Es preciso! ¡Tengo que atreverme a todo!

(Sale corriendo hacia la puerta.)

¡Fernando!

CLAVELA

(Que entra)

¡En la calle, señora!

MARIANA

(Asomándose rápidamente a la ventana)

¡Fernando!

CLAVELA

(Con las manos cruzadas)

¡Ay, doña Mariana, qué malita está!
Desde que usted puso sus preciosas manos
en esa bandera de los liberales,
aquellos colores de flor de granado
desaparecieron de su cara.

MARIANA

(Reponiéndose)

Abre,
y respeta y ama lo que estoy bordando.

CLAVELA

(Saliendo)

Dios dirá; los tiempos cambian con el tiempo.
Dios dirá. ¡Paciencia!

(Sale)

MARIANA

Tengo, sin embargo,
que estar muy serena, muy serena; aunque
me siento vestida de temblor y llanto.

ESCENA VII

Aparece en la puerta FERNANDO, *con el alto sombrero de cintas
entre sus manos enguantadas. Le precede* CLAVELA

FERNANDO

(Entrando, apasionado)

¿Qué quieres?

MARIANA

(Firme)

Hablar contigo.

(A CLAVELA.)*

Puedes irte.

CLAVELA

(Marchándose, resignada)

¡Hasta mañana!

*(Se va, turbada, mirando con ternura y tris-
teza a su señora. Pausa.)*

FERNANDO

Dime, pronto.

MARIANA

¿Eres mi amigo?

FERNANDO

¿Por qué preguntas, Mariana?

(MARIANA *se sienta en una silla, de perfil al*
público, y FERNANDO *junto a ella, un poco de*
frente, componiendo una clásica estampa de la
época.)

¡Ya sabes que siempre fui!

MARIANA

¿De corazón?

FERNANDO

¡Soy sincero!

MARIANA

¡Ojalá que fuese así!

FERNANDO

Hablas con un caballero.

(*Poniéndose la mano sobre la blanca pechera.*)

MARIANA
(*Segura*)

¡Lo sé!

FERNANDO

¿Qué quieres de mí?

MARIANA

Quizá quiera demasiado
y por eso no me atrevo.

FERNANDO

No quieras ver disgustado
este corazón tan nuevo.
Te sirvo con alegría.

MARIANA

(Temblorosa)

Fernando, ¿y si fuera...?

FERNANDO

(Ansiosamente)

¿Qué?

MARIANA

Algo peligroso.

FERNANDO

(Decidido)

Iría.
Con toda mi buena fe.

MARIANA

¡No puedo pedirte nada!
Pero esto no puede ser.
Como dicen por Granada,
¡soy una loca mujer!

FERNANDO

(Tierno)

Marianita.

MARIANA

¡Yo no puedo!

FERNANDO

¿Por qué me llamaste? ¿Di?

MARIANA

(En un arranque trágico)

Porque tengo mucho miedo,
de morirme sola aquí.

FERNANDO

¿De morirte?

MARIANA

(Tierna y desesperada)

Necesito,
para seguir respirando,
que tú me ayudes, mocito.

FERNANDO

(Lleno de pasión)

Mis ojos te están mirando,
y no lo debes dudar.

MARIANA

Pero mi vida está fuera,
por el aire, por la mar,
por donde yo no quisiera.

FERNANDO

¡Dichosa la sangre mía
si puede calmar tu pena!

MARIANA

No; tu sangre aumentaría
el grosor de mi cadena.

(Se lleva decidida las manos al pecho para sacar la carta. FERNANDO tiene una actitud expectante y conmovida.)

¡Confío en tu corazón!

(Saca la carta. Duda.)

¡Qué silencio el de Granada!
Fija, detrás del balcón,
hay puesta en mí una mirada.

FERNANDO

(Extrañado)

¿Qué estás hablando?

MARIANA

Me mira

(Levantándose.)

la garganta, que es hermosa,
y toda mi piel se estira.
¿Podrás conmigo, Pedrosa?

(En un arranque.)

Toma esta carta, Fernando.
Lee despacio y entendiendo.
¡Sálvame! Que estoy dudando
si podré seguir viviendo.

(FERNANDO coge la carta y la desdobla. En este momento, el reloj da las ocho lentamente. Las luces topacio y amatista de las velas hacen temblar líricamente la habitación. MARIANA pasea la escena y mira angustiada al joven. Éste lee el comienzo de la carta y tiene un exquisito, pero contenido, gesto de dolor y desaliento. Pausa, en la que se oye el reloj y se siente la angustia de MARIANITA.)

FERNANDO

(Leyendo la carta, con sorpresa, y mirando asombrado y triste a MARIANA)

«Adorada Marianita.»

MARIANA

No interrumpas la lectura.
Un corazón necesita
lo que pide en la escritura.

FERNANDO

(Leyendo, desalentado, aunque sin afectación)

«Adorada Marianita: Gracias al traje de capuchi-
no, que tan diestramente hiciste llegar a mi poder, me
he fugado de la torre de Santa Catalina, confundido
con otros frailes, que salían de asistir a un reo de
muerte. Esta noche, disfrazado de contrabandista,
tengo absoluta necesidad de salir para Válor y Ca-
diar, donde espero tener noticias de los amigos. Necesito antes de las nueve el pasaporte que tienes en
tu poder y una persona de tu absoluta confianza que
espere con un caballo, más arriba de la presa del Genil, para, río adelante, internarme en la sierra. Pedrosa estrechará el cerco como él sabe, y si esta misma noche no parto, estoy irremisiblemente perdido.
Me encuentro en la casa del viejo don Luis, que no lo
sepa nadie de tu familia. No hagas por verme, pues
me consta que estás vigilada. Adiós, Mariana. Todo
sea por nuestra divina madre la libertad. Dios me
salvará. Adiós, Mariana. Un abrazo y el alma de tu
amante.—*Pedro de Sotomayor*.»

(Enamoradísimo.)

¡Mariana!

MARIANA

(Rápida, llevándose una mano a los ojos)

¡Me lo imagino!
Pero silencio, Fernando.

FERNANDO

(Dramático)

¡Cómo has cortado el camino
de lo que estaba soñando!

(MARIANA *protesta mímicamente.*)

No es tuya la culpa, no;
ahora tengo que ayudar
a un hombre que empiezo a odiar,
y el que te quiere soy yo.
El que de niño te amara
lleno de amarga pasión.
Mucho antes de que robara
don Pedro tu corazón.
¡Pero quién te deja en esta
triste angustia del momento!
Y torcer mi sentimiento
¡ay qué trabajo me cuesta!

MARIANA

(Orgullosa)

¡Pues iré sola!

(Humilde.)

          ¡Dios mío,
tiene que ser al instante!

FERNANDO

Yo iré en busca de tu amante
por la ribera del río.

MARIANA

*(Orgullosa y corrigiendo la timidez y tristeza de FERNANDO al
decir «amante»)*

Decirte cómo le quiero
no me produce rubor.

Me escuece dentro su amor
y relumbra todo entero.
Él ama la libertad
y yo la quiero más que él.
Lo que dice es mi verdad
agria, que me sabe a miel.
Y no me importa que el día
con la noche se enturbiara,
que con la luz que emanara
su espíritu viviría.
Por este amor verdadero
que muerde mi alma sencilla
me estoy poniendo amarilla
como la flor del romero.

FERNANDO
(Fuerte)

Mariana, dejo que vuelen
tus quejas. Mas ¿no has oído
que el corazón tengo herido
y las heridas me duelen?

MARIANA
(Popular)

Pues si mi pecho tuviera
vidrieritas de cristal,
te asomaras y lo vieras
gotas de sangre llorar.

FERNANDO

¡Basta! ¡Dame el documento!

> (MARIANA *va a una cómoda rápidamente.*)

¿Y el caballo?

MARIANA

(Sacando los papeles)

En el jardín.
Si vas a marchar, al fin,
no hay que perder un momento.

FERNANDO

(Rápido y nervioso)

Ahora mismo.

(MARIANA *le da los papeles.*)

¿Y aquí va?...

MARIANA

(Desazonada)

Todo.

FERNANDO

(Guardándose el documento en la levita)

¡Bien!

MARIANA

¡Perdón, amigo!
Que el Señor vaya contigo.
Yo espero que así sea.

FERNANDO

(Natural, digno y suave, poniéndose lentamente la capa)

Yo espero que así será.
Está la noche cerrada.
No hay luna, y aunque la hubiera,
los chopos de la ribera
dan una sombra apretada.

Adiós.

(Le besa la mano.)

Y seca ese llanto,
pero quédate sabiendo
que nadie te querrá tanto
como yo te estoy queriendo.
Que voy con esta misión
para no verte sufrir,
torciendo el hondo sentir
de mi propio corazón.

(Inicia el mutis.)

MARIANA

Evita guarda o soldado...

FERNANDO

(Mirándola con ternura)

Por aquel sitio no hay gente.
Puedo marchar descuidado.

(Amargamente irónico.)

¿Qué quieres más?

MARIANA

(Turbada y balbuciente)

Sé prudente.

FERNANDO

(En la puerta, poniéndose el sombrero)

Ya tengo el alma cautiva;
desecha todo temor.
Prisionero soy de amor,
y lo seré mientras viva.

MARIANA

Adiós.

(Coge el candelero.)

FERNANDO

No salgas, Mariana.
El tiempo corre, y yo quiero
pasar el puente primero
que don Pedro. Hasta mañana.

(Salen.)

ESCENA VIII

*La escena queda solitaria medio segundo. Apenas han salido
MARIANA y FERNANDO por una puerta, cuando aparece DOÑA
ANGUSTIAS por la de enfrente, con un candelabro. El fino y
otoñal perfume de los membrillos invade el ambiente*

ANGUSTIAS

Niña, ¿dónde estás? ¡Niña!
Pero, señor, ¿qué es esto?
¿Dónde estabas?

MARIANA

(Entrando con un candelabro)

Salía
con Fernando...

ANGUSTIAS

¡Qué juego
inventaron los niños!
Regáñales.

MARIANA

(Dejando el candelabro)

¿Qué hicieron?

ANGUSTIAS

¡Mariana, la bandera
que bordas en secreto...

MARIANA

(Interrumpiendo, dramáticamente)

¿Qué dices?

ANGUSTIAS

　　　　... han hallado
en el armario viejo
y se han tendido en ella
fingiéndose los muertos!
Tilín, talán; abuela,
dile al curita nuestro
que traiga banderolas
y flores de romero;
que traigan encarnadas
clavellinas del huerto.
Ya vienen los obispos,
decían *uri memento,*
y cerraban los ojos
poniéndose muy serios.
Serán cosas de niños;
está bien. Mas yo vengo
muy mal impresionada,
y me da mucho miedo
la dichosa bandera.

MARIANA

(Aterrada)

¿Pero cómo la vieron?
¡Estaba bien oculta!

ANGUSTIAS

Mariana, ¡triste tiempo
para esta antigua casa,
que derrumbarse veo,
sin un hombre, sin nadie,
en medio del silencio!
Y luego, tú...

MARIANA

(Desorientada y con aire trágico)
¡Por Dios!

ANGUSTIAS

Mariana, ¿tú qué has hecho?
Cercar estas paredes
de guardianes secretos.

MARIANA

Tengo el corazón loco
y no sé lo que quiero.

ANGUSTIAS

¡Olvídalo, Mariana!

MARIANA

(Con pasión)
¡Olvidarlo no puedo!

(Se oyen risas de niños.)

ANGUSTIAS

(Haciendo señas para que MARIANA calle)
Los niños.

MARIANA

Vamos pronto.
¿Cómo alcanzaron eso?

ANGUSTIAS

Así pasan las cosas.
¡Mariana, piensa en ellos!

(Coge un candelabro.)

MARIANA

Sí, sí; tienes razón.
Tienes razón. ¡No pienso!

(Salen.)

Telón

ESTAMPA SEGUNDA

*Sala principal en la casa de Mariana. Entonación en grises,
blancos y marfiles, como una antigua litografía. Estrado blanco, a estilo Imperio. Al fondo, una puerta con una cortina
gris, y puertas laterales. Hay una consola con urna y grandes
ramos de flores de seda. En el centro de la habitación, un
pianoforte y candelabros de cristal. Es de noche. Están en
escena la CLAVELA y los NIÑOS DE MARIANA. Visten la deliciosa
moda infantil de la época. La CLAVELA está sentada, y a los
lados, en taburetes, los niños. La estancia es limpia y modes-
ta, aunque conservando ciertos muebles de lujo heredados por*
MARIANA

ESCENA I

CLAVELA

No cuento más.

(Se levanta.)

NIÑO
(Tirándole del vestido)

Cuéntanos otra cosa.

CLAVELA

¡Me romperás el vestido!

NIÑA
(Tirando)

Es muy malo.

CLAVELA
(Echándoselo en cara)

Tu madre lo compró.

NIÑO

(Riendo y tirando del vestido para que se siente)

¡Clavela!

CLAVELA

(Sentándose a la fuerza y riendo también)

¡Niños!

NIÑA

El cuento aquel del príncipe gitano.

CLAVELA

Los gitanos no fueron nunca príncipes.

NIÑA

¿Y por qué?

NIÑO

No los quiero a mi lado.
Sus madres son las brujas.

NIÑA

(Enérgica)

¡Embustero!

CLAVELA

(Reprendiéndola)

¡Pero niña!

NIÑA

Si ayer vi yo rezando
al Cristo de la Puerta Real dos de ellos.
Tenían unas tijeras así... y cuatro
borriquitos peludos que miraban...

con unos ojos... y movían los rabos
dale que le das. ¡Quién tuviera alguno!

NIÑO
(Doctoral)
Seguramente los habían robado.

CLAVELA

Ni tanto ni tan poco. ¿Qué se sabe?
(Los NIÑOS se hacen burla sacando la lengua.)
¡Chitón!

NIÑO
¿Y el romancillo del bordado?

NIÑA
¡Ay duque de Lucena! ¿Cómo dice?

NIÑO
Olivarito, olivo..., está bordado.
(Como recordando.)

CLAVELA

Os lo diré; pero cuando se acabe,
en seguida a dormir.

NIÑO
Bueno.

NIÑA
¡Enterados!

CLAVELA

(Se persigna lentamente, y los NIÑOS la imitan, mirándola)
Bendita sea por siempre
la Santísima Trinidad,

y guarde al hombre en la sierra
y al marinero en el mar.
A la verde, verde orilla
del olivarito está...

NIÑA

(Tapando con una mano la boca a CLAVELA *y continuando ella)*

Una niña bordando.
¡Madre! ¿Qué bordará?

CLAVELA

(Encantada de que la NIÑA *lo sepa)*

Las agujas de plata,
bastidor de cristal,
bordaba una bandera,
cantar que te cantar.
Por el olivo, olivo,
¡madre, quién lo dirá!

NIÑO

(Continuando)

Venía un andaluz,
bien plantado y galán.

> *(Aparece por la puerta del fondo* MARIANA,
> *vestida de amarillo claro, un amarillo de libro
> viejo, y oye el romance, glosando con gestos
> lo que en ella evoca la idea de bandera y
> muerte.)*

CLAVELA

Niña, la bordadora,
mi vida, ¡no bordar!,
que el duque de Lucena
duerme y dormirá.

NIÑA

La niña le responde:
«No dices la verdad:
el duque de Lucena
me ha mandado bordar
esta roja bandera
porque a la guerra va.»

NIÑO

Por las calles de Córdoba
lo llevan a enterrar,
muy vestido de fraile
en caja de coral.

NIÑA

(Como soñando)

La albahaca y los claveles
sobre la caja van,
y un verderol antiguo
cantando el pío pa.

CLAVELA

(Con sentimiento)

¡Ay duque de Lucena,
ya no te veré más!
La bandera que bordo
de nada servirá.
En el olivarito
me quedaré a mirar
cómo el aire menea
las hojas al pasar.

NIÑO

Adiós, niña bonita,
espigada y juncal,

me voy para Sevilla,
donde soy capitán.

CLAVELA

Y a la verde, verde orilla
del olivarito está
una niña morena
llorar que te llorar.

*(Los NIÑOS hacen un gesto de satisfacción.
Han seguido el romance con alto interés.)*

ESCENA II

MARIANA

(Avanzando)

Es hora de acostarse.

CLAVELA

(Levantándose y a los niños)
¿Habéis oído?

NIÑA

(Besando a MARIANA)
Mamá, acuéstanos tú.

MARIANA

Hija, no puedo,
yo tengo que coserte una capita.

NIÑO

¿Y para mí?

CLAVELA

(*Riendo*)

¡Pues claro está!

MARIANA

Un sombrero
con una cinta verde y dos naranja.

Lo besa.)

CLAVELA

¡A la costa, mis niños!

NIÑO

(*Volviendo*)

Yo lo quiero
como los hombres: alto y grande, ¿sabes?

MARIANA

¡Lo tendrás, primor mío!

NIÑA

Y entra luego;
me gustará sentirte, que esta noche
no se ve nada y hace mucho viento.

MARIANA

(*Bajo a* CLAVELA)

Cuando acabes, te bajas a la puerta.

CLAVELA

Pronto será; los niños tienen sueño.

MARIANA

¡Que recéis sin reíros!

CLAVELA

¡Sí, señora!

MARIANA

(En la puerta)

Una salve a la Virgen y dos credos
al Santo Cristo del Mayor Dolor,
para que nos protejan.

NIÑA

Rezaremos
la oración de San Juan y la que ruega
por caminantes y por marineros.

(Entran. Pausa.)

ESCENA III

MARIANA

(En la puerta)

Dormir tranquilamente, niños míos,
mientras que yo, perdida y loca, siento

(Lentamente.)

quemarse con su propia lumbre viva
esta rosa de sangre de mi pecho.
Soñar en la verbena y el jardín
de Cartagena, luminoso y fresco,
y en la pájara pinta que se mece
en las ramas del verde limonero.
Que yo también estoy dormida, niños,
y voy volando por mi propio sueño,
como van, sin saber adónde van,
los tenues vilanicos por el viento.

ESCENA IV

Aparece DOÑA ANGUSTIAS *en la puerta y en un aparte*

ANGUSTIAS

Vieja y honrada casa, ¡qué locura!

(*A* MARIANA.)

Tienes una visita.

MARIANA

¿Quién?

ANGUSTIAS

¡Don Pedro!

(MARIANA *sale corriendo hacia la puerta.*)

¡Serénate, hija mía! ¡No es tu esposo!

MARIANA

Tienes razón. ¡Pero no puedo!

ESCENA V

MARIANA *llega corriendo a la puerta en el momento en que* DON PEDRO *entra por ella.* DON PEDRO *tiene treinta y seis años. Es un hombre simpático, sereno y fuerte. Viste correctamente y habla de una manera dulce.* MARIANA *le tiende los brazos y le estrecha las manos.* DOÑA ANGUSTIAS *adopta una triste y reservada actitud. Pausa*

PEDRO

(*Efusivo*)

Gracias, Mariana, gracias.

MARIANA

(Casi sin hablar)

Cumplí con mi deber.

> *(Durante esta escena dará MARIANA muestras de una vehementísima y profunda pasión.)*

PEDRO

(Dirigiéndose a DOÑA ANGUSTIAS)

Muchas gracias, señora.

ANGUSTIAS

(Triste)

¿Y por qué? Buenas noches.

(A MARIANA.)

Yo me voy
con los niños.

(Aparte.)

¡Ay, pobre Marianita!

(Sale. Al salir ANGUSTIAS, PEDRO, efusivo, enlaza a MARIANA por el talle.)

PEDRO

(Apasionado)

¡Quién pudiera pagarte lo que has hecho por mí!
Toda mi sangre es nueva, porque tú me la has dado
exponiendo tu débil corazón al peligro.
¡Ay, qué miedo tan grande tuve por él, Mariana!

MARIANA

(Cerca y abandonada)

¿De qué sirve mi sangre, Pedro, si tú murieras?
Un pájaro sin aire, ¿puede volar? ¡Entonces!...

(Bajo.)

Yo no podré decirte cómo te quiero nunca;
a tu lado me olvido de todas las palabras.

PEDRO

(Con voz suave)

¡Cuántos peligros corres sin el menor desmayo!
¡Qué sola estás, cercada de maliciosa gente!
¡Quién pudiera librarte de aquellos que te acechan
con mi propio dolor y mi vida, Mariana!
¡Día y noche, qué largos sin ti por esa sierra!

MARIANA

(Echando la cabeza en el hombro y como soñando)

¡Así! Deja tu aliento sobre mi frente. Limpia
esta angustia que tengo y este sabor amargo;
esta angustia de andar sin saber dónde voy,
y este sabor de amor que me quema la boca.

*(Pausa. Se separa rápidamente del caballero
y le coge los codos.)*

¡Pedro! ¿No te persiguen? ¿Te vieron entrar?

PEDRO

(Se sienta.)
Nadie.

Vives en una calle silenciosa, y la noche
se presenta endiablada.

MARIANA

Yo tengo mucho miedo.

PEDRO

(Cogiéndole una mano)

¡Ven aquí!

MARIANA

(Se sienta)

Mucho miedo de que esto se adivine,
de que pueda matarte la canalla realista.
Y si tú...

(Con pasión.)

yo me muero, lo sabes, yo me muero.

PEDRO

(Con pasión)

¡Marianita, no temas! ¡Mujer mía! ¡Vida mía!
En el mayor sigilo conspiramos. ¡No temas!
La bandera que bordas temblará por las calles
entre el calor entero del pueblo de Granada.
Por ti la Libertad suspirada por todos
pisará tierra dura con anchos pies de plata.
Pero si así no fuese; si Pedrosa...

MARIANA

(Aterrada)

¡No sigas!

PEDRO

... sorprende nuestro grupo y hemos de morir...

MARIANA

¡Calla!

PEDRO

Mariana, ¿qué es el hombre sin libertad? ¿Sin esa
luz armoniosa y fija que se siente por dentro?
¿Cómo podría quererte no siendo libre, dime?
¿Cómo darte este firme corazón si no es mío?
No temas; ya he burlado a Pedrosa en el campo,

y así pienso seguir hasta vencer contigo,
que me ofreces tu amor y tu casa y tus dedos.

MARIANA

¡Y algo que yo no sé decir, pero que existe!
¡Qué bien estoy contigo! Pero aunque alegre noto
un gran desasosiego que me turba y enoja;
me parece que hay hombres detrás de las cortinas,
que mis palabras suenan claramente en la calle.

PEDRO
(Amargo)

¡Eso sí! ¡Qué mortal inquietud, qué amargura!
¡Qué constante pregunta al minuto lejano!
¡Qué otoño interminable sufrí por esa sierra!
¡Tú no lo sabes!

MARIANA

Dime: ¿corriste gran peligro?

PEDRO

Estuve casi en manos de la justicia,

(MARIANA *hace un gesto de horror.*)

pero
me salvó el pasaporte y el caballo que enviaste
con un extraño joven, que no me dijo nada.

MARIANA
(Inquieta y sin querer recordar)

Y dime.

(Pausa)

PEDRO

¿Por qué tiemblas?

MARIANA

(Nerviosa)

Sigue. ¿Después?

PEDRO

Después
vagué por la Alpujarra. Supe que en Gibraltar
había fiebre amarilla; la entrada era imposible,
y esperé bien oculto la ocasión. ¡Ya ha llegado!
Venceré con tu ayuda, ¡Mariana de mi vida!
¡Libertad, aunque con sangre llame a todas las
                                                    [puertas!

MARIANA

(Radiante)

¡Mi victoria consiste en tenerte a mi vera!
En mirarte los ojos mientras tú no me miras.
Cuando estás a mi lado olvido lo que siento
y quiero a todo el mundo:
hasta al rey y a Pedrosa.
Al bueno como al malo. ¡Pedro!, cuando se quiere
se está fuera del tiempo,
y ya no hay día ni noche, ¡sino tú y yo!

PEDRO

(Abrazándola)

¡Mariana!
Como dos blancos ríos de rubor y silencio,
así enlazan tus brazos mi cuerpo combatido.

MARIANA

(Cogiéndole la cabeza)

Ahora puedo perderte, puedo perder tu vida.

Como la enamorada de un marinero loco
que navegara eterno sobre una barca vieja,
acecho un mar oscuro, sin fondo ni oleaje,
en espera de gentes que te traigan ahogado.

PEDRO

No es hora de pensar en quimeras, que es hora
de abrir el pecho a bellas realidades cercanas
de una España cubierta de espigas y rebaños,
donde la gente coma su pan con alegría,
en medio de estas anchas eternidades nuestras
y esta aguda pasión de horizonte y silencio.
España entierra y pisa su corazón antiguo,
su herido corazón de Península andante,
y hay que salvarla pronto con manos y con dientes.

MARIANA

(Pasional)

Y yo soy la primera que lo pide con ansia.
Quiero tener abiertos mis balcones al sol
para que llene el suelo de flores amarillas
y quererte, segura de tu amor sin que nadie
me aceche, como en este decisivo momento.

(En un arranque.)

¡Pero ya estoy dispuesta!

(Se levanta.)

PEDRO

(Entusiasmado, se levanta)

                ¡Así me gusta verte,
hermosa Marianita! Ya no tardarán mucho
los amigos, y alienta

ese rostro bravío y esos ojos ardientes

(Amoroso.)

sobre tu cuello blanco, que tiene luz de luna.

*(Fuera comienza a llover y se levanta el vien-
to. MARIANA hace señas a PEDRO de que calle.)*

ESCENA VI

CLAVELA

(Entrando)

Señora... Me parece que han llamado.

*(PEDRO y MARIANA adoptan actitudes indiferen-
tes. Dirigiéndose a DON PEDRO.)*

¡Don Pedro!

PEDRO

(Sereno)

¡Dios te guarde!

MARIANA

¿Tú sabes quién vendrá?

CLAVELA

Sí, señora; lo sé.

MARIANA

¿La seña?

CLAVELA

No la olvido.

MARIANA

Antes de abrir, que mires
por la mirilla grande.

CLAVELA

Así lo haré, señora.

MARIANA

No enciendas luz ninguna,
pero ten en el patio
un velón prevenido,
y cierra la ventana del jardín.

CLAVELA

(Marchándose)

En seguida.

MARIANA

¿Cuántos vendrán?

PEDRO

Muy pocos.
Pero los que interesan.

MARIANA

¿Noticias?

PEDRO

Las habrá
dentro de unos instantes.
Si, al fin, hemos de alzarnos,
decidiremos.

MARIANA

¡Calla!

*(Hace ademán a DON PEDRO de que se calle, y
queda escuchando. Fuera se oye la lluvia y el
viento.)*

¡Ya están aquí!

PEDRO

(Mirando el reloj)

Puntuales,

como buenos patriotas.
¡Son gente decidida!

MARIANA

¡Dios nos ayude a todos!

PEDRO

¡Ayudará!

MARIANA

  ¡Debiera,
si mirase a este mundo!

    (MARIANA, *corriendo, avanza hasta la puerta y*
    levanta la gran cortina del fondo.)

¡Adelante, señores!

ESCENA VII

Entran tres caballeros con amplias capas grises; uno de ellos
lleva patillas. MARIANA y DON PEDRO los reciben amablemente.
 Los caballeros dan la mano a MARIANA y a DON PEDRO

MARIANA

  (*Dando la mano al* CONSPIRADOR 1.º)

¡Ay, qué manos tan frías!

CONSPIRADOR 1.º

  (*Franco*)

   ¡Hace un frío
que corta! Y me he olvidado de los guantes;
pero aquí se está bien.

MARIANA

  ¡Llueve de veras!

CONSPIRADOR 3.º

(Decidido)

El Zacatín estaba intransitable.

(Se quitan las capas, que sacuden de lluvia.)

CONSPIRADOR 2.º

(Melancólico)

La lluvia, como un sauce de cristal,
sobre las casas de Granada cae.

CONSPIRADOR 3.º

Y el Darro viene lleno de agua turbia.

MARIANA

¿Les vieron?

CONSPIRADOR 2.º

(Melancólico. Habla poco y pausadamente)

¡No! Vinimos separados
hasta la entrada de esta oscura calle.

CONSPIRADOR 1.º

¿Habrá noticias para decidir?

PEDRO

Llegarán esta noche, Dios mediante.

MARIANA

Hablen bajo.

CONSPIRADOR 1.º

(Sonriendo)

¿Por qué, doña Mariana?
Toda la gente duerme en este instante.

PEDRO

Creo que estamos seguros.

CONSPIRADOR 3.º

No lo afirmes;
Pedrosa no ha cesado de espiarme,
y aunque yo lo despisto sagazmente,
continúa en acecho, y algo sabe.

(Unos se sientan y otros quedan de pie, componiendo una bella estampa.)

MARIANA

Ayer estuvo aquí.

(Los caballeros hacen un gesto de extrañeza.)

¡Como es mi amigo
no quise, porque no debía, negarme!
Hizo un elogio de nuestra ciudad;
pero mientras hablaba, tan amable,
me miraba... no sé... ¡como sabiendo!,

(Subrayando.)

de una manera penetrante.
En una sorda lucha con mis ojos
estuvo aquí toda la tarde,
y Pedrosa es capaz... ¡de lo que sea!

PEDRO

No es posible que pueda figurarse...

MARIANA

Yo no estoy muy tranquila, y os lo digo
para que andemos con cautela grande.
De noche, cuando cierro las ventanas,
imagino que empuja los cristales.

PEDRO

(Mirando el reloj)

Ya son las once y diez. El emisario
debe estar ya muy cerca de esta calle.

CONSPIRADOR 3.º

(Mirando el reloj)

Poco debe tardar.

CONSPIRADOR 1.º

¡Dios lo permita!
¡Que me parece un siglo cada instante!

> *(Entra CLAVELA con una bandeja de altas copas de cristal tallado y un frasco lleno de vino rojo, que deja sobre el velador. MARIANA habla con ella.)*

PEDRO

Estarán sobre aviso los amigos.

CONSPIRADOR 1.º

Enterados están. No falta nadie.
Todo depende de lo que nos digan
esta noche.

PEDRO

La situación es grave,
pero excelente si la aprovechamos.

> *(Sale CLAVELA, y MARIANA corre la cortina.)*

Hay que estudiar hasta el menor detalle,
porque el pueblo responde, sin dudar.
Andalucía tiene todo el aire
lleno de Libertad. Esta palabra
perfuma el corazón de sus ciudades,

desde las viejas torres amarillas
hasta los troncos de los olivares.
Esa costa de Málaga está llena
de gente decidida a levantarse:
pescadores del Palo, marineros
y caballeros principales.
Nos siguen pueblos como Nerja, Vélez,
que aguardan las noticias, anhelantes.
Hombres de acantilado y mar abierto,
y, por lo tanto, libres como nadie.
Algeciras acecha la ocasión,
y en Granada, señores de linaje
como vosotros exponen su vida
de una manera emocionante.
¡Ay, qué impaciencia tengo!

CONSPIRADOR 3.º
                        Como todos
los verdaderamente liberales.

MARIANA
(Tímida)
Pero ¿habrá quien os siga?

PEDRO
(Convencido)
                        Todo el mundo.

MARIANA
¿A pesar de este miedo?

PEDRO
(Seco)
Sí.

MARIANA

                No hay nadie
que vaya a la Alameda del Salón
tranquilamente a pasearse,
y el café de la Estrella está desierto.

PEDRO

(Entusiasta)

¡Mariana, la bandera que bordaste
será acatada por el rey Fernando,
mal que le pese a Calomarde!

CONSPIRADOR 3.º

Cuando ya no le quede otro recurso
se rendirá a las huestes liberales,
que aunque se finja desvalido y solo,
no cabe duda que él hace y deshace.

MARIANA

¿No es Fernando un juguete de los suyos?

CONSPIRADOR 3.º

¿No tarda mucho?

PEDRO

(Inquieto)

Yo no sé decirte.

CONSPIRADOR 3.º

¿Si lo habrán detenido?

CONSPIRADOR 1.º

                No es probable.
Oscuridad y lluvia le protegen,
y él está siempre vigilante.

MARIANA

Ahora llega.

PEDRO

Y al fin sabremos algo.

(Se levantan y se dirigen a la puerta.)

CONSPIRADOR 3.º

Bien venido, si buenas cartas trae.

MARIANA

(Apasionada, a PEDRO)

Pedro, mira por mí. Sé muy prudente,
que me falta muy poco para ahogarme.

ESCENA VIII

Aparece por la puerta el CONSPIRADOR 4.º *Es un hombre fuerte; campesino rico. Viste el traje popular de la época: sombrero puntiagudo de alas de terciopelo, adornado con borlas
de seda; chaqueta con bordados y aplicaduras de paño de todos
los colores en los codos, en la bocamanga y en el cuello. El
pantalón, de vueltas, sujeto por botones de filigrana, y las
polainas, de cuero, abiertas por un costado, dejando ver la
pierna. Trae una dulce tristeza varonil. Todos los personajes
están de pie cerca de la puerta de entrada.* MARIANA *no oculta
su angustia, y mira, ya al recién llegado, ya a* DON PEDRO, *con
un aire doliente y escrutador*

CONSPIRADOR 4.º

¡Caballeros! ¡Doña Mariana!

(Estrecha la mano de MARIANA.)

PEDRO

(Impaciente)

¿Hay noticias?

CONSPIRADOR 4.º

¡Tan malas como el tiempo!

PEDRO

¿Qué ha pasado?

CONSPIRADOR 1.º
(Irritado)

Casi lo adivinaba.

MARIANA
(A PEDRO)
¿Te entristeces?

PEDRO

¿Y las gentes de Cádiz?

CONSPIRADOR 4.º

Todo en vano.
Hay que estar prevenidos. El Gobierno
por todas partes nos está acechando.
Tendremos que aplazar el alzamiento,
o luchar o morir, de lo contrario.

PEDRO
(Desesperado)

Yo no sé qué pensar; que tengo abierta
una herida que sangra en mi costado,
y no puedo esperar, señores míos.

CONSPIRADOR 3.º
(Fuerte)

Don Pedro, triunfaremos esperando.
La situación no puede durar mucho.

CONSPIRADOR 4.º

(Fuerte)

Ahora mismo tenemos que callarnos.
Nadie quiere una muerte sin provecho.

PEDRO

(Fuerte también)

Mucho dolor me cuesta.

MARIANA

(Angustiada)

¡Hablen más bajo!

(Se pasea.)

CONSPIRADOR 4.º

España entera calla, ¡pero vive!
Guarde bien la bandera.

MARIANA

La he mandado
a casa de una vieja amiga mía,
allá en el Albaicín, y estoy temblando.
Quizá estuviera aquí mejor guardada.

PEDRO

¿Y en Málaga?

CONSPIRADOR 4.º

En Málaga, un espanto.
El canalla de González Moreno...
No se puede contar lo que ha pasado.

*(Expectación vivísima. MARIANA, sentada en el
sofá, junto a DON PEDRO, después de todo el
juego escénico que ha realizado, oye anhelante
lo que cuenta el CONSPIRADOR 4.º)*

Torrijos, el general
noble, de la frente limpia,
donde se estaban mirando
las gentes de Andalucía,
caballero entre los duques,
corazón de plata fina,
ha sido muerto en las playas
de Málaga la bravía.
Le atrajeron con engaños
que él creyó, por su desdicha,
y se acercó, satisfecho
con sus buques, a la orilla.
¡Malhaya el corazón noble
que de los malos se fía!,
que al poner el pie en la arena
lo prendieron los realistas.
El vizconde de La Barthe,
que mandaba las milicias,
debió cortarse la mano
antes de tal villanía,
como es quitar a Torrijos
bella espada que ceñía,
con el puño de cristal,
adornado con dos cintas.
Muy de noche lo mataron
con toda su compañía.
Caballero entre los duques,
corazón de plata fina.
Grandes nubes se levantan
sobre la tierra de Mijas.
El viento mueve la mar
y los barcos se retiran

con los remos presurosos
y las velas extendidas.
Entre el ruido de las olas
sonó la fusilería,
y muerto quedó en la arena,
sangrando por tres heridas,
el valiente caballero,
con toda su compañía.
La muerte, con ser la muerte,
no deshojó su sonrisa.
Sobre los barcos lloraba
toda la marinería.
y las más bellas mujeres,
enlutadas y afligidas,
lo iban llorando también
por el limonar arriba.

PEDRO

(Levantándose, después de oír el romance)

Cada dificultad me da más bríos.
Señores, a seguir nuestro trabajo.
La muerte de Torrijos me enardece
para seguir luchando.

CONSPIRADOR 1.º

Yo pienso así.

CONSPIRADOR 4.º

Pero hay que estarse quietos;
otro tiempo vendrá.

CONSPIRADOR 2.º

(Conmovido)
¡Tiempo lejano!

PEDRO

Pero mis fuerzas no se agotarán.

MARIANA

(*Bajo, a* PEDRO)

Pedro, mientras yo viva...

CONSPIRADOR 1.º

¿Nos marchamos?

CONSPIRADOR 3.º

No hay nada que tratar. Tienes razón.

CONSPIRADOR 4.º

Esto es lo que tenía que contaros,
y nada más.

CONSPIRADOR 1.º

Hay que ser optimistas.

MARIANA

¿Gustarán de una copa?

CONSPIRADOR 4.º

La aceptamos

porque nos hace falta.

CONSPIRADOR 1.º

¡Buen acuerdo!

(*Se ponen de pie y cogen sus copas.*)

MARIANA

(*Llenando los vasos*)

¡Cómo llueve!

(*Fuera se oye la lluvia.*)

CONSPIRADOR 3.º

¡Don Pedro está apenado!

CONSPIRADOR 4.º

¡Como todos nosotros!

PEDRO

¡Es verdad!
Y tenemos razones para estarlo.

MARIANA

Pero a pesar de esta opresión aguda
y de tener razones para estarlo...

(Levantando la copa.)

«Luna tendida, marinero en pie»,
dicen allá, por el Mediterráneo,
las gentes de veleros y fragatas.
¡Como ellos, hay que estar siempre acechando!

(Como en sueños.)

«Luna tendida, marinero en pie.»

PEDRO

(Con la copa)

Que sean nuestras casas como barcos.

*(Beben. Pausa. Fuera se oyen aldabonazos le-
janos. Todos quedan con las copas en la mano,
en medio de un gran silencio.)*

MARIANA

Es el viento que cierra una ventana.

(Otro aldabonazo.)

PEDRO

¿Oyes, Mariana?

CONSPIRADOR 4.º

¿Quién será?

MARIANA

(Llena de angustia)

¡Dios Santo!

PEDRO

(Acariciador)

¡No temas! Ya verás cómo no es nada.

(Todos están con las capas puestas, llenos de inquietud.)

CLAVELA

(Entrando casi ahogada)

¡Ay señora! ¡Dos hombres embozados,
y Pedrosa con ellos!

MARIANA

(Gritando, llena de pasión)

¡Pedro, vete!
¡Y todos, Virgen santa! ¡Pronto!

PEDRO

(Confuso)

¡Vamos!

(CLAVELA quita las copas y apaga los candelabros.)

CONSPIRADOR 4.º

Es indigno dejarla.

MARIANA

(A PEDRO)

¡Date prisa!

PEDRO

¿Por dónde?

MARIANA

(Loca)

¡Ay! ¿Por dónde?

CLAVELA

¡Están llamando!

MARIANA

(Iluminada)

¡Por aquella ventana del pasillo
saltarás fácilmente! Ese tejado
está cerca del suelo.

CONSPIRADOR 2.º

¡No debemos
dejarla abandonada!

PEDRO

(Enérgico)

¡Es necesario!
¿Cómo justificar nuestra presencia?

MARIANA

Sí, sí, vete en seguida. ¡Ponte a salvo!

PEDRO

(Apasionado)

¡Adiós, Mariana!

MARIANA

¡Dios os guarde, amigos!

*(Van saliendo rápidamente por la puerta de la
derecha. CLAVELA está asomada a una rendija
del balcón, que da a la calle. MARIANA, en la
puerta, dice:)*

¡Pedro..., y todos, que tengáis cuidado!

> *(Cierra la puertecilla de la izquierda, por don-*
> *de han salido los* CONSPIRADORES, *y corre la*
> *cortina. Luego, dramática:)*

¡Abre, Clavela! Soy una mujer
que va atada a la cola de un caballo.

> *(Sale* CLAVELA. *Se dirige rápidamente al for-*
> *tepiano.)*

¡Dios mío, acuérdate de tu pasión
y de las llagas de tus manos!

> *(Se sienta y empieza a cantar la canción del*
> *«Contrabandista», original de Manuel García:*
> *1808.)*

Yo que soy contrabandista
y campo por mis respetos
a todos los desafío,
pues a nadie tengo miedo.
　　¡Ay! ¡Ay!
¡Ay muchachos! ¡Ay muchachas!
¿Quién me compra hilo negro?
Mi caballo está rendido
¡y yo me muero de sueño!
　　¡Ay!
¡Ay! Que la ronda ya viene
y se empezó el tiroteo.
¡Ay! ¡Ay! Caballito mío,
caballo mío careto.
　　¡Ay!
¡Ay! Caballo, ve ligero.
¡Ay! Caballo, que me muero.
　　¡Ay!

> *(Ha de cantar con un admirable y desesperado*
> *sentimiento, escuchando los pasos de* PEDROSA
> *por la escalera.)*

ESCENA IX

Las cortinas del fondo se levantan y aparece CLAVELA, *aterrada, con el candelabro de tres bujías en una mano y la otra puesta sobre el pecho.* PEDROSA, *vestido de negro, con capa, llega detrás.* PEDROSA *es un tipo seco, de una palidez intensa y de una admirable serenidad. Dirá las frases con ironía muy velada y mirará minuciosamente a todos lados, pero con corrección. Es antipático. Hay que huir de la caricatura. Al entrar* PEDROSA, MARIANA *deja de tocar y se levanta del fortepiano. Silencio*

MARIANA

Adelante.

PEDROSA

(Adelantándose)

Señora, no interrumpa
por mí la cancioncilla que ahora mismo
entonaba.

(Pausa.)

MARIANA

(Queriendo sonreír)

La noche estaba triste
y me puse a cantar.

(Pausa.)

PEDROSA

He visto luz
en su balcón y quise visitarla.
Perdone si interrumpo sus quehaceres.

MARIANA

Se lo agradezco mucho.

PEDROSA

¡Qué manera

de llover!

*(Pausa. En esta escena habrá pausas imper-
ceptibles y rotundos silencios instantáneos, en
los cuales luchan desesperadamente las almas
de los dos personajes. Escena delicadísima de
matizar, procurando no caer en exageraciones
que perjudiquen su emoción. En esta escena se
ha de notar mucho más lo que no se dice que
lo que se está hablando. La lluvia, discretamen-
te imitada y sin ruido excesivo, llegará de
cuando en cuando a llenar silencios.)*

MARIANA

(Con intención)

¿Es muy tarde?

(Pausa.)

PEDROSA

(Mirándola fijamente, y con intención también)

¡Sí! Muy tarde.

El reloj de la Audiencia ya hace rato
que dio las once.

MARIANA

(Serena e indicando asiento a PEDROSA)

No las he sentido.

PEDROSA

(Sentándose)

Yo las sentí lejanas. Ahora vengo
de recorrer las calles silenciosas,
calado hasta los huesos por la lluvia,
resistiendo ese gris fino y glacial
que viene de la Alhambra.

MARIANA

(Con intención y rehaciéndose)

El aire helado
que clava agujas sobre los pulmones
y para el corazón.

PEDROSA

(Devolviéndole la ironía)

Pues ese mismo.
Cumplo deberes de mi duro cargo.
Mientras que usted, espléndida Mariana,
en su casa, al abrigo de los vientos,
hace encajes... o borda...

(Como recordando.)

¿Quién me ha dicho
que bordaba muy bien?

MARIANA

(Aterrada, pero con cierta serenidad)

¿Es un pecado?

PEDROSA

(Haciendo una seña negativa)

El Rey nuestro Señor, que Dios proteja,

(Se inclina.)

se entretuvo bordando en Valençay
con su tío el infante don Antonio.
Ocupación bellísima.

MARIANA

(Entre dientes)

¡Dios mío!

PEDROSA

¿Le extraña mi visita?

MARIANA

(Tratando de sonreír)

¡No!

PEDROSA

(Serio)

¡Mariana!

(Pausa.)

Una mujer tan bella como usted,
¿no siente miedo de vivir tan sola?

MARIANA

¿Miedo? ¡Ninguno!

PEDROSA

(Con intención)

Hay tantos liberales
y tantos anarquistas por Granada,
que la gente no vive muy segura.

(Firme.)

¡Usted ya lo sabrá!

MARIANA

(Digna)

¡Señor Pedrosa!
¡Soy mujer de mi casa y nada más!

PEDROSA

(Sonriendo)

Y yo soy juez. Por eso me preocupo
de estas cuestiones. Perdonad, Mariana.

Pero hace ya tres meses que ando loco
sin poder capturar a un cabecilla...

> (Pausa. MARIANA *trata de escuchar y juega
> con su sortija, conteniendo su angustia y su
> indignación.*)

PEDROSA

(Como recordando, con frialdad)

Un tal don Pedro de Sotomayor.

MARIANA

Es probable que esté fuera de España.

PEDROSA

No; yo espero que pronto será mío.

> (Al oír eso MARIANA *tiene un ligero desvaneci-
> miento nervioso; lo suficiente para que se le
> escape la sortija de la mano, o más bien, la
> arroja ella para evitar la conversación.*)

MARIANA

(Levantándose)

¡Mi sortija!

PEDROSA

¿Cayó?

(Con intención.)

Tenga cuidado.

MARIANA

(Nerviosa)

Es mi anillo de bodas; no se mueva,
y vaya a pisarlo.

(Busca.)

PEDROSA

Está muy bien.

MARIANA

Parece
que una mano invisible lo arrancó.

PEDROSA

Tenga más calma.

(Frío.)

Mire.

*(Señala el sitio donde ve el anillo, al mismo
tiempo que avanzan.)*

¡Ya está aquí!

*(MARIANA se inclina para recogerlo antes que
PEDROSA; éste queda a su lado, y en el momento de levantarse MARIANA, la enlaza rápidamente y la besa.)*

MARIANA

(Dando un grito y retirándose)

¡Pedrosa!

(Pausa. MARIANA rompe a llorar de furor.)

PEDROSA

(Suave)

Grite menos.

MARIANA

¡Virgen Santa!

PEDROSA

(Sentándose)

Me parece que este llanto está de más.
Mi señora Mariana, esté serena.

MARIANA

(Arrancándose desesperada y cogiendo a PEDROSA por la solapa)

¿Qué piensa de mí? ¡Diga!

PEDROSA

(Impasible)

Muchas cosas.

MARIANA

Pues yo sabré vencerlas. ¿Qué pretende?
Sepa que yo no tengo miedo a nadie.
Como el agua que nace soy de limpia,
y me puedo manchar si usted me toca;
pero sé defenderme. ¡Salga pronto!

PEDROSA

(Fuerte y lleno de ira)

¡Silencio!

(Pausa. Frío.)

Quiero ser amigo suyo.
Me debe agradecer esta visita.

MARIANA

(Fiera)

¿Puedo yo permitir que usted me insulte?
¿Que penetre de noche en mi vivienda
para que yo...? ¡Canalla! No sé cómo...

(Se contiene.)

¡Usted quiere perderme!

PEDROSA

(Cálido)

¡Lo contrario!

Vengo a salvarla.

MARIANA

(Bravía)

¡No lo necesito!

(Pausa.)

PEDROSA

(Fuerte y dominador, acercándose con una agria sonrisa)

¡Mariana! ¿Y la bandera?

MARIANA

(Turbada)

¿Qué bandera?

PEDROSA

¡La que bordó con esas manos blancas

(Las coge.)

en contra de las leyes y del Rey!

MARIANA

¿Qué infame le mintió?

PEDROSA

(Indiferente)

¡Muy bien bordada!
De tafetán morado y verdes letras.
Allá en el Albaicín, la recogimos,
y ya está en mi poder como tu vida.
Pero no temas; soy amigo tuyo.

(MARIANA *queda ahogada.*)

MARIANA

(Casi desmayada)

Es mentira, mentira.

PEDROSA

Sé también
que hay mucha gente complicada.
Espero que dirás sus nombres, ¿verdad?

(Bajando la voz y apasionadamente.)

Nadie sabrá lo que ha pasado. Yo te quiero
mía, ¿lo estás oyendo? Mía o muerta.
Me has despreciado siempre; pero ahora
puedo apretar tu cuello con mis manos,
este cuello de nardo transparente,
y me querrás porque te doy la vida.

MARIANA

(Tierna y suplicante en medio de su desesperación, abrazándose a PEDROSA)

¡Tenga piedad de mí! ¡Si usted supiera!
Y déjeme escapar. Yo guardaré
su recuerdo en las niñas de mis ojos.
¡Pedrosa, por mis hijos!...

PEDROSA

(Abrazándola, sensual)

La bandera
no la has bordado tú, linda Mariana,
y ya eres libre porque así lo quiero...

(MARIANA, al ver cerca de sus labios los labios de PEDROSA, lo rechaza, reaccionando de una manera salvaje.)

MARIANA

¡Eso nunca! ¡Primero doy mi sangre!
Que me cueste dolor, pero con honra.
¡Salga de aquí!

PEDROSA

(Reconviniéndola)

¡Mariana!

MARIANA

¡Salga pronto!

PEDROSA

(Frío y reservado)

¡Está muy bien! Yo seguiré el asunto
y usted misma se pierde.

MARIANA

¡Qué me importa!
Yo bordé la bandera con mis manos;
con estas manos, ¡mírelas, Pedrosa!,
y conozco muy grandes caballeros
que izarla pretendían en Granada.
¡Mas no diré sus nombres!

PEDROSA

¡Por la fuerza
delatará! ¡Los hierros duelen mucho,
y una mujer es siempre una mujer!
¡Cuando usted quiera me avisa!

MARIANA

¡Cobarde!
¡Aunque en mi corazón clavaran vidrios
no hablaría!

(En un arranque.)

¡Pedrosa, aquí me tiene!

PEDROSA

¡Ya veremos!...

MARIANA

¡Clavela, el candelabro!

(Entra CLAVELA, *aterrada, con las manos cruzadas sobre el pecho.)*

PEDROSA

No hace falta, señora. Queda usted
detenida en nombre de la ley.

MARIANA

¿En nombre de qué ley?

PEDROSA

(Frío y ceremonioso)

¡Buenas noches!

(Sale.)

CLAVELA

(Dramática)

¡Ay, señora; mi niña, clavelito,
prenda de mis entrañas!

MARIANA

(Llena de angustia y terror)

Isabel,
yo me voy. Dame el chal.

CLAVELA

¡Sálvese pronto!

*(Se asoma a la ventana. Fuera se oye otra vez
la fuerte lluvia.)*

MARIANA

¡Me iré a casa de don Luis! ¡Cuida los niños!

CLAVELA

¡Se han quedado en la puerta! ¡No se puede!

MARIANA

Claro está.

(Señalando al sitio por donde han salido los CONSPIRADORES.)

¡Por aquí!

CLAVELA

¡Es imposible!

(Al cruzar MARIANA, *por la puerta aparece* DOÑA ANGUSTIAS.)

ANGUSTIAS

¡Mariana! ¿Dónde vas? Tu niña llora.
Tiene miedo del aire y de la lluvia.

MARIANA

¡Estoy presa! ¡Estoy presa, Clavela!

ANGUSTIAS

(Abrazándola)

¡Marianita!

MARIANA

(Arrojándose en el sofá)

¡Ahora empiezo a morir!

(Las dos mujeres la abrazan.)

Mírame y llora. ¡Ahora empiezo a morir!

Telón rápido

ESTAMPA TERCERA

Convento de Santa María Egipciaca, de Granada. Rasgos ára-
bes. Arcos, cipreses, fuentecillas y arrayanes. Hay unos ban-
cos y unas viejas sillas de cuero. Al levantarse el telón está
la escena solitaria. Suenan el órgano y las lejanas voces de
las monjas. Por el fondo vienen corriendo de puntillas y mi-
rando a todos lados para que no las vean dos NOVICIAS. *Vis-*
ten toquitas blancas y trajes azules. Se acercan con mucho
sigilo a una puerta de la izquierda y miran por el ojo de la
cerradura

ESCENA I

NOVICIA 1.ª

¿Qué hace?

NOVICIA 2.ª

(En la cerradura)

¡Habla más bajito!
Está rezando.

NOVICIA 1.ª

¡Deja!

(Se pone a mirar.)

¡Qué blanca está, qué blanca!
Reluce su cabeza
en la sombra del cuarto.

NOVICIA 2.ª

¿Reluce su cabeza?
Yo no comprendo nada.

Es una mujer buena,
y la quieren matar.
¿Tú qué dices?

NOVICIA 1.ª

Quisiera
mirar su corazón
largo rato y muy cerca.

NOVICIA 2.ª

¡Qué mujer tan valiente! Cuando ayer
vinieron a leerle la sentencia
de muerte, no ocultó
su sonrisa.

NOVICIA 1.ª

En la iglesia
la vi después llorando
y me pareció que ella
tenía el corazón en la garganta.
¿Qué es lo que ha hecho?

NOVICIA 2.ª

Bordó una bandera.

NOVICIA 1.ª

¿Bordar es malo?

NOVICIA 2.ª

Dicen que es masona.

NOVICIA 1.ª

¿Qué es eso?

NOVICIA 2.ª

Pues... ¡no sé!

NOVICIA 1.ª

¿Por qué está presa?

NOVICIA 2.ª

Porque no quiere al rey.

NOVICIA 1.ª

¿Qué más da? ¿Se habrá visto?

NOVICIA 2.ª

¡Ni a la reina!

NOVICIA 1.ª

Yo tampoco los quiero.

(Mirando.)

¡Ay Mariana Pineda!
Ya están abriendo flores
que irán contigo muerta.

(Aparece por la puerta del foro la MADRE SOR
CARMEN BORJA.)

CARMEN

Pero, niñas, ¿qué miráis?

NOVICIA 1.ª

(Asustada)

Hermana...

CARMEN

¿No os da vergüenza?
Ahora mismo, al obrador.
¿Quién os enseñó esa fea
costumbre? ¡Ya nos veremos!

NOVICIA 1.ª

¡Con licencia!

NOVICIA 2.ª

¡Con licencia!

(Se van. Cuando la MADRE CARMEN *se ha convencido de que las otras se han marchado, se acerca también con sigilo y mira por el ojo de la llave.)*

CARMEN

¡Es inocente! ¡No hay duda!
¡Calla con una firmeza!
¿Por qué? Yo no me lo explico.

(Sobresaltada.)

¡Viene!

(Sale corriendo.)

ESCENA II

MARIANA *aparece con un espléndido traje blanco.*
Está palidísima

MARIANA

¡Hermana!

CARMEN

(Volviéndose)
¿Qué desea?

MARIANA

¡Nada!

CARMEN

¡Decidlo, señora!

MARIANA

Pensaba...

CARMEN

¿Qué?

MARIANA

Si pudiera
quedarme aquí, en el Beaterio,
para siempre.

CARMEN

¡Qué contentas
nos pondríamos!

MARIANA

¡No puedo!

CARMEN

¿Por qué?

MARIANA

(Sonriendo)

Porque ya estoy muerta.

CARMEN

(Asustada)

¡Doña Mariana, por Dios!

MARIANA

Pero el mundo se me acerca,
las piedras, el agua, el aire,
¡comprendo que estaba ciega!

CARMEN

¡La indultarán!

MARIANA

(Con sangre fría)

¡Ya veremos!
Este silencio me pesa
mágicamente. Se agranda
como un techo de violetas,

(Apasionada.)

y otras veces finge en mí
una larga cabellera.
¡Ay, qué buen soñar!

CARMEN

(Cogiéndole la mano)

¡Mariana!

MARIANA

¿Cómo soy yo?

CARMEN

Eres muy buena.

MARIANA

Soy una gran pecadora;
pero amé de una manera
que Dios me perdonará
como a Santa Magdalena.

CARMEN

Fuera del mundo y en él
perdona.

MARIANA

¡Si usted supiera!
¡Estoy muy herida, hermana,
por las cosas de la tierra!

CARMEN

Dios está lleno de heridas
de amor, que nunca se cierran.

MARIANA

Nace el que muere sufriendo,
¡comprendo que estaba ciega!

CARMEN

(*Apenada al ver el estado de* MARIANA)

¡Hasta luego! ¿Asistirá
esta tarde a la novena?

MARIANA

Como siempre. ¡Adiós, hermana!

(*Se va* CARMEN.)

ESCENA IIı

MARIANA *se dirige al fondo rápidamente, con todo género de
precauciones, y allí aparece* ALEGRITO, *jardinero del convento.
Ríe constantemente, con una sonrisa suave y sana. Viste traje
de cazador de la época*

MARIANA

¡Alegrito! ¿Qué?

ALEGRITO

¡Paciencia
para lo que vais a oír!

MARIANA

¡Habla pronto, no nos vean!
¿Fuiste a casa de don Luis?

ALEGRITO

Y me han dicho que les era
imposible pretender
salvarla. Que ni lo intentan,
porque todos morirían;
pero que harán lo que puedan.

MARIANA

(Valiente)

¡Lo harán todo! ¡Estoy segura!
Son gentes de la nobleza,
y yo soy noble, Alegrito.
¿No ves cómo estoy serena?

ALEGRITO

Hay un miedo que da miedo.
Las calles están desiertas.
Solo el viento viene y va;
pero la gente se encierra.
No encontré más que una niña
llorando sobre la puerta
de la antigua Alcaicería.

MARIANA

¿Crees van a dejar que muera
la que tiene menos culpa?

ALEGRITO

Yo no sé lo que ellos piensan.

MARIANA

¿Y de lo demás?

ALEGRITO

(Turbado)

¡Señora!...

MARIANA

Sigue hablando.

ALEGRITO

No quisiera.

(MARIANA *hace un gesto de impaciencia.*)

El caballero don Pedro
de Sotomayor se aleja
de España, según me han dicho.
Dicen que marcha a Inglaterra.
Don Luis lo sabe de cierto.

MARIANA

*(Sonríe incrédula y dramática, porque en el fondo sabe
que es verdad)*

Quien te lo dijo desea
aumentar mi sufrimiento.
¡Alegrito, no lo creas!
¿Verdad que tú no lo crees?

(Angustiada.)

ALEGRITO

(Turbado)

Señora, lo que usted quiera.

MARIANA

Don Pedro vendrá a caballo
como loco cuando sepa
que yo estoy encarcelada
por bordarle su bandera.

Y, si me matan, vendrá
para morir a mi vera,
que me lo dijo una noche
besándome la cabeza.
Él vendrá como un San Jorge
de diamantes y agua negra,
al aire la deslumbrante
flor de su capa bermeja.
Y porque es noble y modesto,
para que nadie lo vea,
vendrá por la madrugada,
por la madrugada fresca,
cuando sobre el cielo oscuro
brilla el limonar apenas
y el alba finge en las olas
fragatas de sombra y seda.
¿Tú qué sabes? ¡Qué alegría!
No tengo miedo, ¿te enteras?

ALEGRITO

¡Señora!

MARIANA

¿Quién te lo ha dicho?

ALEGRITO

Don Luis.

MARIANA

¿Sabe la sentencia?

ALEGRITO

Dijo que no la creía.

MARIANA

(Angustiada)

Pues es muy verdad.

ALEGRITO

Me apena
darle tan malas noticias.

MARIANA

¡Volverás!

ALEGRITO

Lo que usted quiera.

MARIANA

Volverás para decirles
que yo estoy muy satisfecha
porque sé que vendrán todos,
¡y son muchos!, cuando deban.
¡Dios te lo pague!

ALEGRITO

Hasta luego.

(Sale.)

ESCENA IV

MARIANA

(En voz baja)

Y me quedo sola mientras
que, bajo la acacia en flor
del jardín, mi muerte acecha.

(En voz baja y dirigiéndose al huerto.)

Pero mi vida está aquí.
Mi sangre se agita y tiembla,
como un árbol de coral
con la marejada tierna.
Y aunque tu caballo pone
cuatro lunas en las piedras
y fuego en la verde brisa
débil de la primavera,
¡corre más! ¡Ven a buscarme!
Mira que siento muy cerca
dedos de hueso y de musgo
acariciar mi cabeza.

> *(Se dirige al jardín como si hablara con al-*
> *guien.)*

No puedes entrar. ¡No puedes!
¡Ay Pedro! Por ti no entra;
pero sentada en la fuente
toca una blanda vihuela.

> *(Se sienta en un banco y apoya la cabeza so-*
> *bre sus manos. En el jardín se oye una gui-*
> *tarra.)*

VOZ

A la vera del agua,
sin que nadie la viera,
se murió mi esperanza.

MARIANA

(Repitiendo exquisitamente la canción)

A la vera del agua,
sin que nadie la viera,
se murió mi esperanza.

> *(Por el foro aparecen dos MONJAS, seguidas de*
> PEDROSA. *MARIANA no los ve.)*

Esta copla está diciendo
lo que saber no quisiera.
Corazón sin esperanza,
¡que se lo trague la tierra!

CARMEN

Aquí está, señor Pedrosa.

MARIANA

(Asustada, levantándose y como saliendo de un sueño)
¿Quién es?

PEDROSA

¡Señora!

*(MARIANA queda sorprendida y deja escapar
una exclamación. Las MONJAS inician el mutis.)*

MARIANA

(A las MONJAS)
¿Nos dejan?

CARMEN

Tenemos que trabajar...

*(Se van. Hay en estos momentos una gran in-
quietud en escena. PEDROSA, frío y correcto,
mira intensamente a MARIANA, y ésta, melancólica, pero valiente, recoge sus miradas.)*

ESCENA V

PEDROSA *viste de negro, con capa. Su aire frío debe hacerse notar*

MARIANA

Me lo dio el corazón: ¡Pedrosa!

PEDROSA

El mismo
que aguarda, como siempre, sus noticias.
Ya es hora. ¿No os parece?

MARIANA

Siempre es hora
de callar y vivir con alegría.

> *(Se sienta en un banco. En este momento, y durante todo el acto, MARIANA tendrá un delirio delicadísimo, que estallará al final.)*

PEDROSA

¿Conoce la sentencia?

MARIANA

La conozco.

PEDROSA

¿Y bien?

MARIANA

(Radiante)

Pero yo pienso que es mentira.
Tengo el cuello muy corto para ser
ajusticiada. Ya ve. No podrían.

Además, es hermoso y blanco; nadie
querrá tocarlo.

PEDROSA

(Completando)

¡Mariana!

MARIANA

(Fiera)

Se olvida
que para que yo muera tiene toda
Granada que morir. Y que saldrían
muy grandes caballeros a salvarme,
porque soy noble. Porque yo soy hija
de un capitán de navío, Caballero
de Calatrava. ¡Déjeme tranquila!

PEDROSA

No habrá nadie en Granada que se asome
cuando usted pase con su comitiva.
Los andaluces hablan; pero luego...

MARIANA

Me dejan sola; ¿y qué? Uno vendría
para morir conmigo, y esto basta.
¡Pero vendrá para salvar mi vida!

*(Sonríe y respira fuertemente, llevándose las
manos al pecho.)*

PEDROSA

(En un arranque)

Yo no quiero que mueras tú, ¡no quiero!
Ni morirás, porque darás noticias
de la conjuración. Estoy seguro.

MARIANA

(Fiera)

No diré nada, como usted querría,
a pesar de tener un corazón
en el que ya no caben más heridas.
Fuerte y sorda seré a vuestros halagos.
Antes me daban miedo sus pupilas.
Ahora le estoy mirando cara a cara

(Se acerca.)

y puedo con sus ojos que vigilan
el sitio donde guardo este secreto
que por nada del mundo contaría.
¡Soy valiente, Pedrosa, soy valiente!

PEDROSA

Está muy bien.

(Pausa.)

   Ya sabe, con mi firma
puedo borrar la lumbre de sus ojos.
Con una pluma y un poco de tinta
puedo hacerla dormir un largo sueño.

MARIANA

(Elevada)

¡Ojalá fuese pronto por mi dicha!

PEDROSA

(Frío)

Esta tarde vendrán.

MARIANA

(Aterrada y dándose cuenta)

¿Cómo?

PEDROSA

Esta tarde;
ya se ha ordenado que entres en capilla.

MARIANA

(Exaltada y protestando fieramente de su muerte)
¡No puede ser! ¡Cobardes! ¿Y quién manda
dentro de España tales villanías?
¿Qué crimen cometí? ¿Por qué me matan?
¿Dónde está la razón de la Justicia?
En la bandera de la Libertad
bordé el amor más grande de mi vida.
¿Y he de permanecer aquí encerrada?
¡Quién tuviera unas alas cristalinas
para salir volando en busca tuya!

> (PEDROSA *ha visto con satisfacción esta súbita*
> *desesperación de* MARIANA *y se dirige a ella.*
> *La luz empieza a tomar el tono del crepúsculo.*)

PEDROSA

(Muy cerca de MARIANA)
Hable pronto, que el rey la indultaría.
Mariana, ¿quiénes son los conjurados?
Yo sé que usted de todos es amiga.
Cada segundo aumenta su peligro.
Antes que se haya disipado el día
ya vendrán por la calle a recogerla.
¿Quiénes son? Y sus nombres. ¡Vamos, pronto!
Que no se juega así con la Justicia,
y luego será tarde.

MARIANA

(Fiera)
¡No hablaré!

PEDROSA

(Fiero, cogiéndole las manos)

¿Quiénes son?

MARIANA

Ahora menos lo diría.

(Con desprecio.)

Suelta, Pedrosa; vete. ¡Madre Carmen!

PEDROSA

(Terrible)

¡Quieres morir!

(Aparece, llena de miedo, la MADRE CARMEN; dos MONJAS cruzan al fondo como dos fantasmas.)

CARMEN

¿Qué pasa, Marianita?

MARIANA

Nada.

CARMEN

Señor, no es justo...

PEDROSA

(Frío, sereno y autoritario, dirige una severa mirada a la monja, e inicia el mutis)

Buenas tardes.

(A MARIANA.)

Tendré un placer muy grande si me avisa.

CARMEN

¡Es muy buena, señor!

PEDROSA

(Altivo)

No os pregunté.

>   *(Sale, seguido de* SOR CARMEN.*)*

ESCENA VI

MARIANA

(En el banco, con dramática y tierna entonación andaluza)

Recuerdo aquella copla que decía
cruzando los olivos de Granada:
«¡Ay, qué fragatita,
real corsaria! ¿Dónde está
tu valentía?
Que un velero bergantín
te ha puesto la puntería.»

>   *(Como soñando y nebulosamente.)*

Entre el mar y las estrellas
¡con qué gusto pasearía
apoyada sobre una
larga baranda de brisa!

>   *(Con pasión y llena de angustia.)*

Pedro, coge tu caballo
o ven montado en el día.
¡Pero pronto! ¡Que ya vienen
para quitarme la vida!
Clava las duras espuelas.

>   *(Llorando.)*

«¡Ay, qué fragatita,
real corsaria! ¿Dónde está
tu valentía?

Que un famoso bergantín
te ha puesto la puntería.»

(Vienen dos MONJAS.*)*

MONJA 1.ª

Sé fuerte, que Dios te ayuda.

CARMEN

Marianita, hija, descansa.

(Se llevan a MARIANA.*)*

ESCENA VII

*Suena el esquilón de las monjas. Por el fondo aparecen varias
de ellas, que cruzan la escena y se santiguan al pasar ante
una Virgen de los Dolores que, con el corazón atravesado de
puñales, llora en el muro, cobijada por un inmenso arco de
rosas amarillas y plateadas de papel. Entre ellas se destacan
las* NOVICIAS 1.ª *y* 2.ª *Los cipreses comienzan a teñirse de luz
dorada*

NOVICIA 1.ª

¡Qué gritos! ¿Tú los sentiste?

NOVICIA 2.ª

Desde el jardín; y sonaban
como si estuvieran lejos.
¡Inés, yo estoy asustada!

NOVICIA 1.ª

¿Dónde estará Marianita,
rosa y jazmín de Granada?

NOVICIA 2.ª

Está esperando a su novio.

NOVICIA 1.ª

Pero su novio ya tarda.
¡Si la vieras cómo mira
por una y otra ventana!
Dice: «Si no hubiera sierras,
lo vería en la distancia.»

NOVICIA 2.ª

Ella lo espera segura.

NOVICIA 1.ª

¡No vendrá por su desgracia!

NOVICIA 2.ª

¡Marianita va a morir!
¡Hay otra luz en la casa!

NOVICIA 1.ª

¡Y cuánto pájaro! ¿Has visto?
Ya no caben en las ramas
del jardín ni en los aleros;
nunca vi tantos, y al alba,
cuando se siente la Vela,
cantan y cantan y cantan...

NOVICIA 2.ª

... y al alba
despiertan brisas y nubes
desde el frescor de las ramas.

NOVICIA 1.ª

... y al alba
por cada estrella que muere
nace diminuta flauta.

NOVICIA 2.ª

¿Y ella?... ¿Tú las has visto? Ella
me parece amortajada
cuando cruza el coro bajo
con esa ropa tan blanca.

NOVICIA 1.ª

¡Qué injusticia! Esta mujer
de seguro fue engañada.

NOVICIA 2.ª

¡Su cuello es maravilloso!

NOVICIA 1.ª

(Llevándose instintivamente las manos al cuello)
Sí, pero...

NOVICIA 2.ª

Cuando lloraba
me pareció que se le iba
a deshojar en la falda.

(Se acercan las MONJAS.)

MONJA 1.ª

¿Vamos a ensayar la Salve?

NOVICIA 1.ª

¡Muy bien!

NOVICIA 2.ª

Yo no tengo gana.

MONJA 1.ª

Es muy bonita.

NOVICIA 1.ª

(Hace una señal a las demás y se dirigen rápidamente al foro)

¡Y difícil!

(Aparece MARIANA por la puerta de la izquierda, y al verla se retiran todas con disimulo.)

MARIANA

(Sonriendo)

¿Huyen de mí?

NOVICIA 1.ª

(Temblando)

¡Vamos a la...!

NOVICIA 2.ª

(Turbada)

Nos íbamos... Yo decía...
Es muy tarde.

MARIANA

(Con bondad irónica)

¿Soy tan mala?

NOVICIA 1.ª

(Exaltada)

¡No, señora! ¿Quién lo dice?

MARIANA

¿Qué sabes tú, niña?

NOVICIA 2.ª

(Señalando a la primera)

¡Nada!

NOVICIA 1.ª

¡Pero la queremos todas!

(Nerviosa.)

¿No lo está usted viendo?

MARIANA

(Con amargura)

¡Gracias!

(MARIANA se sienta en el banco, con las manos cruzadas y la cabeza caída, en una divina actitud de tránsito.)

NOVICIA 1.ª

¡Vámonos!

NOVICIA 2.ª

¡Ay, Marianita,
rosa y jazmín de Granada,
que está esperando a su novio,
pero su novio se tarda!

(Se van.)

MARIANA

¡Quién me hubiera dicho a mí!...
Pero... ¡paciencia!

CARMEN

(Que entra)

¡Mariana!
Un señor, que trae permiso
del juez, viene a visitarla.

MARIANA

(Levantándose, radiante)

¡Que pase! ¡Por fin, Dios mío!

(Sale la MONJA. MARIANA se dirige a una cornucopia que hay en la pared y, llena de su delicado delirio, se arregla los bucles y el escote.)

Pronto..., ¡qué segura estaba!
Tendré que cambiarme el traje:
me hace demasiado pálida.

ESCENA VIII

*Se sienta en el banco, en actitud amorosa, vuelta al sitio donde
tienen que entrar. Aparece la* MADRE CARMEN. Y MARIANA, *no
pudiendo resistir, se vuelve. En el silencio de la escena entra*
FERNANDO, *pálido.* MARIANA *queda estupefacta*

MARIANA

(Desesperada, como no queriéndolo creer)

¡No!

FERNANDO

(Triste)

¡Mariana! ¿No quieres
que hable contigo? ¡Dime!

MARIANA

¡Pedro! ¿Dónde está Pedro?
¡Dejadlo entrar, por Dios!
¡Está abajo, en la puerta!
¡Tiene que estar! ¡Que suba!
Tú viniste con él,
¿verdad? Tú eres muy bueno.
Él vendrá muy cansado, pero entrará en seguida.

FERNANDO

Vengo solo, Mariana. ¿Qué sé yo de don Pedro?

MARIANA

¡Todos deben saber, pero ninguno sabe!
Entonces, ¿cuándo viene para salvar mi vida?

¿Cuándo viene a morir, si la muerte me acecha?
¿Vendrá? Dime, Fernando. ¡Aún es hora!

FERNANDO

(Enérgico y desesperado, al ver la actitud de MARIANA*)*
                                        Don Pedro
no vendrá, porque nunca te quiso, Marianita.
Ya estará en Inglaterra, con otros liberales.
Te abandonaron todos tus antiguos amigos.
Solamente mi joven corazón te acompaña.
¡Mariana! ¡Aprende y mira cómo te estoy queriendo!

MARIANA

(Exaltada)

¿Por qué me lo dijiste? Yo bien que lo sabía;
pero nunca lo quise decir a mi esperanza.
Ahora ya no me importa. Mi esperanza lo ha oído
y se ha muerto mirando los ojos de mi Pedro.
Yo bordé la bandera por él. Yo he conspirado
para vivir y amar su pensamiento propio.
Más que a mis propios hijos y a mí misma le quise.
¿Amas la Libertad más que a tu Marianita?
¡Pues yo seré la misma Libertad que tú adoras!

FERNANDO

¡Sé que vas a morir! Dentro de unos instantes
vendrán por ti, Mariana. ¡Sálvate y di los nombres!
¡Por tus hijos! ¡Por mí, que te ofrezco la vida!

MARIANA

¡No quiero que mis hijos me desprecien! ¡Mis hijos
tendrán un nombre claro como la luna llena!

¡Mis hijos llevarán resplandor en el rostro,
que no podrán borrar los años ni los aires!
Si delato, por todas las calles de Granada
este nombre sería pronunciado con miedo.

FERNANDO
(Dramático y desesperado)
¡No puede ser! ¡No quiero que esto pase! ¡No quiero!
¡Tú tienes que vivir! ¡Mariana, por mi amor!

MARIANA
(Loca y delirante, en un estado agudo de pasión y angustia)
¿Y qué es amor, Fernando? ¡Yo no sé qué es amor!

FERNANDO
(Cerca)
¡Pero nadie te quiso como yo, Marianita!

MARIANA
(Reaccionando)
¡A ti debí quererte más que a nadie en el mundo,
si el corazón no fuera nuestro gran enemigo!
Corazón, ¿por qué mandas en mí si yo no quiero?

FERNANDO
(Se arrodilla y ella le coge la cabeza sobre el pecho)
¡Ay, te abandonan todos! ¡Habla, quiéreme y vive!

MARIANA
(Retirándolo)
¡Ya estoy muerta, Fernando! Tus palabras me llegan
a través del gran río del mundo que abandono.

Ya soy como la estrella sobre el agua profunda,
última débil brisa que se pierde en los álamos.

(Por el fondo pasa una MONJA, *con las manos
cruzadas, que mira llena de zozobra al grupo.)*

FERNANDO

¡No sé qué hacer! ¡Qué angustia! ¡Ya vendrán a bus-
¡Quién pudiera morir para que tú vivieras!   [carte!

MARIANA

¡Morir! ¡Qué largo sueño sin ensueños ni sombras!
Pedro, quiero morir por lo que tú no mueres,
por el puro ideal que iluminó tus ojos:
¡¡Libertad!! Porque nunca se apague tu alta lumbre
me ofrezco toda entera. ¡¡Arriba, corazón!!
¡Pedro, mira tu amor a lo que me ha llevado!
Me querrás, muerta, tanto, que no podrás vivir.

(Dos MONJAS *entran, con las manos cruzadas,
en la misma expresión de angustia, y no se
atreven a acercarse.)*

Y ahora ya no te quiero, porque soy una sombra.

CARMEN

(Entrando, casi ahogada)

¡Mariana!

(A FERNANDO.)

    ¡Caballero! ¡Salga pronto!

FERNANDO

(Angustiado)

            ¡Dejadme!

MARIANA

¡Vete! ¿Quién eres tú? ¡Ya no conozco a nadie!
¡Voy a dormir tranquila!

> *(Entra otra MONJA rápidamente, casi ahogada
> por el miedo y la emoción. Al fondo cruza otra
> con gran rapidez con una mano sobre la
> frente.)*

FERNANDO

(Emocionadísimo)

¡Adiós, Mariana!

MARIANA

¡Vete!

Ya vienen a buscarme.

> *(Sale FERNANDO, llevado por dos MONJAS.)*

Como un grano de arena

> *(Viene otra MONJA.)*

siento al mundo en los dedos. ¡Muerte! Pero ¿qué es
[muerte?

> *(A las MONJAS.)*

Y vosotras, ¿qué hacéis? ¡Qué lejanas os siento!

CARMEN

(Que llega llorando)

¡Mariana!

MARIANA

¿Por qué llora?

CARMEN

¡Están abajo, niña!

MONJA 1.ª

¡Ya suben la escalera!

ESCENA ÚLTIMA

Entran por el foro todas las Monjas. *Tienen la tristeza refle-
jada en los rostros. Las* Novicias 1.ª *y* 2.ª *están en primer
término.* Sor Carmen, *digna y traspasada de pena, está cerca
de* Mariana. *Toda la escena irá adquiriendo, hasta el final,
una gran luz extrañísima de crepúsculo granadino. Luz rosa
y verde entra por los arcos, y los cipreses se matizan exquisitamente, hasta parecer piedras preciosas. Del techo descien-
de una suave luz naranja, que se va intensificando hasta el
final*

Mariana

¡Corazón, no me dejes! ¡Silencio! Con un ala,
¿dónde vas? Es preciso que tú también descanses.
Nos espera una larga locura de luceros
que hay detrás de la muerte. ¡Corazón, no desmayes!

Carmen

¡Olvídate del mundo, preciosa Marianita!

Mariana

¡Qué lejano lo siento!

Carmen

¡Ya vienen a buscarte!

Mariana

Pero ¡qué bien entiendo lo que dice esta luz!
¡Amor, amor, amor, y eternas soledades!

(Entra el Juez *por la puerta de la izquierda.)*

Novicia 1.ª

¡Es el juez!

NOVICIA 2.ª

¡Se la llevan!

JUEZ

Señora, a sus órdenes;
hay un coche en la puerta.

MARIANA

Mil gracias. Madre Carmen,
salvo a muchas criaturas que llorarán mi muerte.
No olviden a mis hijos.

CARMEN

¡Que la Virgen te ampare!

MARIANA

¡Os doy mi corazón! ¡Dadme un ramo de flores!
En mis últimas horas yo quiero engalanarme.
Quiero sentir la dura caricia de mi anillo
y prenderme en el pelo mi mantilla de encaje.
Amas la Libertad por encima de todo,
pero yo soy la misma Libertad. Doy mi sangre,
que es tu sangre y la sangre de todas las criaturas.
¡No se podrá comprar el corazón de nadie!

(Una MONJA *le ayuda a ponerse la mantilla.*
MARIANA *se dirige al fondo, gritando:)*

Ahora sé lo que dicen el ruiseñor y el árbol.
El hombre es un cautivo y no puede librarse.
¡Libertad de lo alto! Libertad verdadera,
enciende para mí tus estrellas distantes.
¡Adiós! ¡Secad el llanto!

(Al JUEZ.*)*

¡Vamos pronto!

CARMEN

¡Adiós, hija!

MARIANA

Contad mi triste historia a los niños que pasen.

CARMEN

Porque has amado mucho, Dios te abrirá su puerta.
¡Ay, triste Marianita! ¡Rosa de los rosales!

NOVICIA 1.ª

(Arrodillándose)

Ya no verán tus ojos las naranjas de luz
que pondrá en los tejados de Granada la tarde.

(Fuera empieza un lejano campaneo.)

MONJA 1.ª

(Arrodillándose)

Ni sentirás la dulce brisa de primavera
pasar de madrugada tocando tus cristales.

NOVICIA 2.ª

(Arrodillándose y besando la orla del vestido de MARIANA)

¡Clavellina de mayo! ¡Luna de Andalucía!,
en las altas barandas tu novio está esperándote.

CARMEN

¡Mariana, Marianita, de bello y triste nombre,
que los niños lamenten tu dolor por la calle!

MARIANA

(Saliendo)

¡Yo soy la Libertad porque el amor lo quiso!
¡Pedro! La Libertad, por la cual me dejaste.

¡Yo soy la Libertad, herida por los hombres!
¡Amor, amor, amor, y eternas soledades!

> *(Un campaneo vivo y solemne invade la esce-*
> *na, y un coro de NIÑOS empieza, lejano, el*
> *romance. MARIANA se va, saliendo lentamente,*
> *apoyada en SOR CARMEN. Todas las demás*
> *MONJAS están arrodilladas. Una luz maravi-*
> *llosa y delirante invade la escena. Al fondo,*
> *los NIÑOS cantan.)*

¡Oh, qué día triste en Granada,
que a las piedras hacía llorar,
al ver que Marianita se muere
en cadalso por no declarar!

> *(No cesa el campaneo.)*

Telón lento

FIN DE «MARIANA PINEDA»

Granada, 8 de enero de 1925.

DOÑA ROSITA LA SOLTERA
o
EL LENGUAJE DE LAS FLORES

POEMA GRANADINO DEL NOVECIENTOS, DIVIDIDO
EN VARIOS JARDINES CON ESCENAS DE CANTO
Y BAILE

(1935)

PERSONAJES

DOÑA ROSITA.
EL AMA.
LA TÍA.
MANOLA 1.ª
MANOLA 2.ª
MANOLA 3.ª
SOLTERA 1.ª
SOLTERA 2.ª
SOLTERA 3.ª
MADRE DE LAS SOLTERAS.

AYOLA 1.ª
AYOLA 2.ª
EL TÍO.
EL SOBRINO.
EL CATEDRÁTICO
    DE ECONOMÍA.
DON MARTÍN.
EL MUCHACHO.
DOS OBREROS.
UNA VOZ.

ACTO PRIMERO

Habitación con salida a un invernadero

Tío

¿Y mis semillas?

Ama

Ahí estaban.

Tío

Pues no están.

Tía

Eléboro, fucsias y los crisantemos, Luis Passy violáceo y altair blanco plata con puntas heliotropo.

Tío

Es necesario que cuidéis las flores.

Ama

Si lo dice por mí...

Tía

Calla. No repliques.

Tío

Lo digo por todos. Ayer me encontré las semillas de dalias pisoteadas por el suelo. *(Entra en el invernadero.)* No os dais cuenta de mi invernadero; desde el ochocientos siete, en que la condesa de Wandes obtuvo la rosa muscosa, no la ha conseguido nadie en Granada más que yo, ni el botánico de la Universidad. Es preciso que tengáis más respeto por mis plantas.

AMA

Pero ¿no las respeto?

TÍA

¡Chist! Sois a cuál peor.

AMA

Sí, señora. Pero yo no digo que de tanto regar las flores y tanta agua por todas partes van a salir sapos en el sofá.

TÍA

Luego bien te gusta olerlas.

AMA

No, señora. A mí las flores me huelen a niño muerto, o a profesión de monja, o a altar de iglesia. A cosas tristes. Donde esté una naranja o un buen membrillo, que se quiten las rosas del mundo. Pero aquí... rosas por la derecha, albahaca por la izquierda, anémonas, salvias, petunias y esas flores de ahora, de moda, los crisantemos, despeinados como unas cabezas de gitanillas. ¡Qué ganas tengo de ver plantados en este jardín un peral, un cerezo, un caqui!

TÍA

¡Para comértelos!

AMA

Como quien tiene boca... Como decían en mi pueblo:
La boca sirve para comer,

las piernas sirven para la danza,
y hay una cosa de la mujer...

(Se detiene y se acerca a la Tía *y lo dice bajo.)*

TÍA

¡Jesús! *(Signando.)*

AMA

Son indecencias de los pueblos. *(Signando.)*

ROSITA

(Entra rápida. Viene vestida de rosa con un traje del nove-
cientos, mangas de jamón y adornos de cintas)

¿Y mi sombrero? ¿Dónde está mi sombrero? ¡Ya
han dado las treinta campanadas en San Luis!

AMA

Yo lo dejé en la mesa.

ROSITA

Pues no está. *(Buscan.)*

(El AMA *sale.)*

TÍA

¿Has mirado en el armario?

(Sale la TÍA.)

AMA

(Entra)

No lo encuentro.

ROSITA

¿Será posible que no se sepa dónde está mi sombrero?

AMA

Ponte el azul con margaritas.

ROSITA

Estás loca.

AMA

Más loca estás tú.

TÍA

(Vuelve a entrar)

¡Vamos, aquí está! (ROSITA *lo coge y sale corriendo.*)

AMA

Es que todo lo quiere volando. Hoy ya quisiera que fuese pasado mañana. Se echa a volar y se nos pierde de las manos. Cuando chiquita tenía que contarle todos los días el cuento de cuando ella fuera vieja: «Mi Rosita ya tiene ochenta años»..., y siempre así. ¿Cuándo la ha visto usted sentada a hacer encaje de lanzadera o frivolité, o puntas de festón o sacar hilos para adornarse una chapona?

TÍA

Nunca

AMA

Siempre del coro al caño y del caño al coro; del coro al caño y del caño al coro.

TÍA

¡A ver si te equivocas!

AMA

Si me equivocara, no oiría usted ninguna palabra nueva.

TÍA

Claro es que nunca me ha gustado contradecirla, porque ¿quién apena a una criatura que no tiene padres?

AMA

Ni padre, ni madre, ni perrito que le ladre, pero tiene un tío y una tía que valen un tesoro. *(La abraza.)*

TÍO

(Dentro)

¡Esto ya es demasiado!

TÍA

¡María Santísima!

TÍO

Bien está que se pisen las semillas, pero no es tolerable que esté con las hojitas tronchadas la planta de rosal que más quiero. Mucho más que la muscosa y la híspida y la pomponiana y la damascena y que la eglantina de la reina Isabel. *(A la TÍA.)* Entra, entra y la verás.

TÍA

¿Se ha roto?

TÍO

No, no le ha pasado gran cosa, pero pudo haberle pasado.

AMA

¡Acabáramos!

TÍO

Yo me pregunto: ¿quién volcó la maceta?

AMA

A mí no me mire usted.

TÍO

¿He sido yo?

AMA

¿Y no hay gatos y no hay perros, y no hay un golpe de aire que entra por la ventana?

TÍA

Anda, barre el invernadero.

AMA

Está visto que en esta casa no la dejan hablar a una.

TÍO

(Entra)

Es una rosa que nunca has visto; una sorpresa que te tengo preparada. Porque es increíble la «rosa declinata» de capullos caídos y la inermis que no tiene espinas; ¡qué maravilla!, ¿eh?, ¡ni una espina!; y la mirtifolia que viene de Bélgica y la sulfurata que brilla en la oscuridad. Pero esta las aventaja a todas en rareza. Los botánicos la llaman «rosa mutabile», que quiere decir mudable, que cambia... En este libro está su descripción y su pintura, ¡mira! *(Abre el libro.)* Es roja por la mañana, a la tarde se pone blanca y se deshoja por la noche.

Cuando se abre en la mañana,
roja como sangre está.

El rocío no la toca
porque se teme quemar.
Abierta en el mediodía
es dura como el coral.
El sol se asoma a los vidrios
para verla relumbrar.
Cuando en las ramas empiezan
los pájaros a cantar
y se desmaya la tarde
en las violetas del mar,
se pone blanca, con blanco
de una mejilla de sal.
Y cuando toca la noche
blanco cuerno de metal
y las estrellas avanzan
mientras los aires se van,
en la raya de lo oscuro,
se comienza a deshojar.

TÍA

¿Y tiene ya flor?

TÍO

Una que se está abriendo.

TÍA

¿Dura un día tan solo?

TÍO

Uno. Pero yo ese día lo pienso pasar al lado para
ver cómo se pone blanca.

ROSITA

(Entrando)

Mi sombrilla.

TÍO

Su sombrilla.

TÍA

(A voces)

¡La sombrilla!

AMA

(Apareciendo)

¡Aquí está la sombrilla!

(ROSITA *coge la sombrilla y besa a sus tíos.*)

ROSITA

¿Qué tal?

TÍO

Un primor.

TÍA

No hay otra.

ROSITA

(Abriendo la sombrilla)

¿Y ahora?

AMA

¡Por Dios, cierra la sombrilla, no se puede abrir
bajo techado! ¡Llega la mala suerte!

Por la rueda de San Bartolomé
y la varita de San José
y la santa rama de laurel,
enemigo, retírate
por las cuatro esquinas de Jerusalén.

(Ríen todos. El Tío sale.)

ROSITA

(Cerrando)

¡Ya está!

AMA

No lo hagas más... ¡ca...ramba!

ROSITA

¡Huy!

TÍA

¿Qué ibas a decir?

AMA

¡Pero no lo he dicho!

ROSITA

(Saliendo con risas)

¡Hasta luego!

TÍA

¿Quién te acompaña?

ROSITA

(Asomando la cabeza)

Voy con las manolas.

AMA

Y con el novio.

TÍA

El novio creo que tenía que hacer.

AMA

No sé quién me gusta más, si el novio o ella. *(La TÍA se sienta a hacer encaje de bolillos.)* Un par de primos para ponerlos en un vasar de azúcar, y si se murieran, ¡Dios los libre!, embalsamarlos y meterlos en un nicho de cristales y de nieve. ¿A cuál quiere usted más? *(Se pone a limpiar.)*

TÍA

A los dos los quiero como sobrinos.

AMA

Uno por la manta de arriba y otro por la manta de abajo, pero...

TÍA

Rosita se crió conmigo...

AMA

Claro. Como que yo no creo en la sangre. Para mí esto es ley. La sangre corre por debajo de las venas, pero no se ve. Más se quiere a un primo segundo que se ve todos los días, que a un hermano que está lejos. Por qué, vamos a ver.

TÍA

Mujer, sigue limpiando.

AMA

Ya voy. Aquí no la dejan a una ni abrir los labios. Críe usted una niña hermosa para esto. Déjese usted a sus propios hijos en una chocita temblando de hambre.

TÍA

Será de frío.

AMA

Temblando de todo, para que le digan a una: «¡Cállate!»; y como soy criada no puedo hacer más que callarme, que es lo que hago, y no puedo replicar y decir...

TÍA

Y decir ¿qué...?

AMA

Que deje usted esos bolillos con ese tiquití, que me va a estallar la cabeza de tiquitís.

TÍA

(Riendo)

Mira a ver quién entra.

> *(Hay un silencio en la escena, donde se oye el golpear de los bolillos.)*

VOZ

¡Manzanillaaaaa finaaa de la sierraa!

TÍA

(Hablando sola)

Es preciso comprar otra vez manzanilla. En algunas ocasiones hace falta... Otro día que pase..., treinta y siete, treinta y ocho.

VOZ DEL PREGONERO

(Muy lejos)

¡Manzanillaa finaa de la sierraa!

TÍA
(Poniendo un alfiler)

Y cuarenta.

SOBRINO
(Entrando)

Tía.

TÍA
(Sin mirarlo)

Hola, siéntate si quieres. Rosita ya se ha marchado.

SOBRINO

¿Con quién salió?

TÍA

Con las manolas. *(Pausa. Mirando al* SOBRINO.*)*
Algo te pasa.

SOBRINO

Sí.

TÍA
(Inquieta)

Casi me lo figuro. Ojalá me equivoque.

SOBRINO

No. Lea usted.

TÍA
(Lee)

Claro, si es natural. Por eso me opuse a tus rela-
ciones con Rosita. Yo sabía que más tarde o más temprano te tendrías que marchar con tus padres. ¡ Y que
es ahí al lado! Cuarenta días de viaje hacen falta
para llegar a Tucumán. Si fuera hombre y joven, te
cruzaría la cara.

SOBRINO

Yo no tengo culpa de querer a mi prima. ¿Se imagina usted que me voy con gusto? Precisamente quiero quedarme aquí, y a eso vengo.

TÍA

¡Quedarte! ¡Quedarte! Tu deber es irte. Son muchas leguas de hacienda y tu padre está viejo. Soy yo la que te tiene que obligar a que tomes el vapor. Pero a mí me dejas la vida amargada. De tu prima no quiero acordarme. Vas a clavar una flecha con cintas moradas sobre su corazón. Ahora se enterará de que las telas no solo sirven para hacer flores, sino para empapar lágrimas.

SOBRINO

¿Qué me aconseja usted?

TÍA

Que te vayas. Piensa que tu padre es hermano mío. Aquí no eres más que un paseante de los jardinillos, y allí serás un labrador.

SOBRINO

Pero es que yo quisiera...

TÍA

¿Casarte? ¿Estás loco? Cuando tengas tu porvenir hecho. Y llevarte a Rosita, ¿no? Tendrías que saltar por encima de mí y de tu tío.

SOBRINO

Todo es hablar. Demasiado sé que no puedo. Pero yo quiero que Rosita me espere. Porque volveré pronto.

TÍA

Si antes no pegas la hebra con una tucumana. La lengua se me debió pegar en el cielo de la boca antes de consentir tu noviazgo; porque mi niña se queda sola en estas cuatro paredes, y tú te vas libre por el mar, por aquellos ríos, por aquellos bosques de toronjas, y mi niña, aquí, un día igual a otro, y tú, allí: el caballo y la escopeta para tirar al faisán.

SOBRINO

No hay motivo para que me hable usted de esa manera. Yo di mi palabra y la cumpliré. Por cumplir su palabra está mi padre en América, y usted sabe...

TÍA

(Suave)

Calla.

SOBRINO

Callo. Pero no confunda usted el respeto con la falta de vergüenza.

TÍA

(Con ironía andaluza)

¡Perdona, perdona! Se me había olvidado que ya eres un hombre.

AMA

(Entra llorando)

Si fuera un hombre, no se iría.

TÍA

(Enérgica)

¡Silencio!

(El AMA llora con grandes sollozos.)

SOBRINO

Volveré dentro de unos instantes. Dígaselo usted.

TÍA

Descuida. Los viejos son los que tienen que llevar los malos ratos.

(Sale el SOBRINO.)

AMA

¡Ay, qué lástima de mi niña! ¡Ay, qué lástima! ¡Ay, qué lástima! ¡Estos son los hombres de ahora! Pidiendo ochavitos por las calles me quedo yo al lado de esta prenda. Otra vez vienen los llantos a esta casa. ¡Ay, señora! *(Reaccionando.)* ¡Ojalá se lo coma la serpiente del mar!

TÍA

¡Dios dirá!

AMA

Por el ajonjolí,
por las tres santas preguntas
y la flor de la canela,
tenga malas noches
y malas sementeras.
Por el pozo de San Nicolás
se le vuelva veneno la sal.

(Coge un jarro de agua y hace una cruz en el suelo.)

TÍA

No maldigas. Vete a tu hacienda.

(Sale el AMA. Se oyen risas. La TÍA se va.)

MANOLA 1.ª

(Entrando y cerrando la sombrilla)

¡Ay!

MANOLA 2.ª

(Igual)

¡Ay, qué fresquito!

MANOLA 3.ª

(Igual)

¡Ay!

ROSITA

(Igual)

¿Para quién son los suspiros
de mis tres lindas manolas?

MANOLA 1.ª

Para nadie.

MANOLA 2.ª

Para el viento.

MANOLA 3.ª

Para un galán que me ronda.

ROSITA

¿Qué manos recogerán
los ayes de vuestra boca?

MANOLA 1.ª

La pared.

MANOLA 2.ª

Cierto retrato.

MANOLA 3.ª

Los encajes de mi colcha.

ROSITA

También quiero suspirar.
¡Ay amigas! ¡Ay manolas!

MANOLA 1.ª

¿Quién los recoge?

ROSITA

        Dos ojos
que ponen blanca la sombra,
cuyas pestañas son parras,
donde se duerme la aurora.
Y, a pesar de negros, son
dos tardes con amapolas.

MANOLA 1.ª

¡Ponle una cinta al suspiro!

MANOLA 2.ª

¡Ay!

MANOLA 3.ª

Dichosa tú.

MANOLA 1.ª
¡Dichosa!

ROSITA
No me engañéis, que yo sé
cierto rumor de vosotras.

MANOLA 1.ª
Rumores son jaramagos.

MANOLA 2.ª
Y estribillos de las olas.

ROSITA
Lo voy a decir...

MANOLA 1.ª
Empieza.

MANOLA 3.ª
Los rumores son coronas.

ROSITA
Granada, calle de Elvira,
donde viven las manolas,
las que se van a la Alhambra,
las tres y las cuatro solas.
Una vestida de verde,
otra de malva, y la otra,
un corselete escocés
con cintas hasta la cola.
Las que van delante, garzas;
la que va detrás, paloma;

abren por las alamedas
muselinas misteriosas.
¡Ay, qué oscura está la Alhambra!
¿Adónde irán las manolas
mientras sufren en la umbría
el surtidor y la rosa?
¿Qué galanes las esperan?
¿Bajo qué mirto reposan?
¿Qué manos roban perfumes
a sus dos flores redondas?
Nadie va con ellas, nadie;
dos garzas y una paloma.
Pero en el mundo hay galanes
que se tapan con las hojas.
La catedral ha dejado
bronces que la brisa toma.
El Genil duerme a sus bueyes
y el Dauro a sus mariposas.
La noche viene cargada
con sus colinas de sombra;
una enseña los zapatos
entre volantes de blonda;
la mayor abre sus ojos
y la menor los entorna.
¿Quién serán aquellas tres
de alto pecho y larga cola?
¿Por qué agitan los pañuelos?
¿Adónde irán a estas horas?
Granada, calle de Elvira,
donde viven las manolas,
las que se van a la Alhambra,
las tres y las cuatro solas.

MANOLA 1.ª

Deja que el rumor extienda
sobre Granada sus olas.

MANOLA 2.ª

¿Tenemos novio?

ROSITA

Ninguna.

MANOLA 2.ª

¿Digo la verdad?

ROSITA

Sí, toda.

MANOLA 3.ª

Encajes de escarcha tienen
nuestras camisas de novia.

ROSITA

Pero...

MANOLA 1.ª

La noche nos gusta.

ROSITA

Pero...

MANOLA 2.ª

Por calles en sombra.

MANOLA 1.ª

Nos subimos a la Alhambra
las tres y las cuatro solas.

MANOLA 3.ª

¡Ay!

MANOLA 2.ª

Calla.

MANOLA 3.ª

¿Por qué?

MANOLA 2.ª

¡Ay!

MANOLA 1.ª

¡Ay, sin que nadie lo oiga!

ROSITA

Alhambra, jazmín de pena
donde la luna reposa.

AMA

Niña, tu tía te llama. *(Muy triste.)*

ROSITA

¿Has llorado?

AMA

(Conteniéndose)

No... es que tengo así, una cosa que...

ROSITA

No me asustes. ¿Qué pasa? *(Entra rápida, mirando hacia el AMA. Cuando entra ROSITA, el AMA rompe a llorar en silencio.)*

MANOLA 1.ª

(En voz alta)

¿Qué ocurre?

MANOLA 2.ª

Dinos.

AMA

Callad.

MANOLA 3.ª

(En voz baja)

¿Malas noticias?

> *(El AMA las lleva a la puerta y mira por don-*
> *de salió ROSITA.)*

AMA

¡Ahora se lo está diciendo!

> *(Pausa, en que todas oyen.)*

MANOLA 1.ª

Rosita está llorando, vamos a entrar.

AMA

Venid y os contaré. ¡Dejadla ahora! Podéis salir
por el postigo. *(Salen.)*

> *(Queda la escena sola. Un piano lejísimo toca*
> *un estudio de Cerny. Pausa. Entra el PRIMO*
> *y al llegar al centro de la habitación se detiene*
> *porque entra ROSITA. Quedan los dos mirándo-*
> *se frente a frente. El PRIMO avanza. La enlaza*
> *por el talle. Ella inclina la cabeza sobre su*
> *hombro.)*

ROSITA

¿Por qué tus ojos traidores
con los míos se fundieron?

¿Por qué tus manos tejieron,
sobre mi cabeza, flores?
¡Qué luto de ruiseñores
dejas a mi juventud,
pues, siendo norte y salud
tu figura y tu presencia,
rompes con tu cruel ausencia
las cuerdas de mi laúd!

PRIMO

(La lleva a un «vis-à-vis» y se sientan)

¡Ay, prima, tesoro mío!,
ruiseñor en la nevada,
deja tu boca cerrada
al imaginario frío;
no es de hielo mi desvío,
que, aunque atraviese la mar,
el agua me ha de prestar
nardos de espuma y sosiego
para contener mi fuego
cuando me vaya a quemar.

ROSITA

Una noche, adormilada
en mi balcón de jazmines,
vi bajar dos querubines
a una rosa enamorada;
ella se puso encarnada
siendo blanco su color;
pero, como tierna flor,
sus pétalos encendidos
se fueron cayendo heridos

por el beso del amor.
Así yo, primo inocente,
en mi jardín de arrayanes
daba al aire mis afanes
y mi blancura a la fuente.
Tierna gacela imprudente
alcé los ojos, te vi
y en mi corazón sentí
agujas estremecidas
que me están abriendo heridas
rojas como el alhelí.

Primo

He de volver, prima mía,
para llevarte a mi lado
en barco de oro cuajado
con las velas de alegría;
luz y sombra, noche y día,
sólo pensaré en quererte.

Rosita

Pero el veneno que vierte
amor, sobre el alma sola,
tejerá con tierra y ola
el vestido de mi muerte.

Primo

Cuando mi caballo lento
coma tallos con rocío,
cuando la niebla del río
empañe el muro del viento,
cuando el verano violento

ponga el llano carmesí
y la escarcha deje en mí
alfileres de lucero,
te digo, porque te quiero,
que me moriré por ti.

ROSITA

Yo ansío verte llegar
una tarde por Granada
con toda la luz salada
por la nostalgia del mar;
amarillo limonar,
jazminero desangrado,
por las piedras enredado
impedirán tu camino,
y nardos en remolino
pondrán loco mi tejado.
¿Volverás?

PRIMO

Sí. ¡Volveré!

ROSITA

¿Qué paloma iluminada
me anunciará tu llegada?

PRIMO

El palomo de mi fe.

ROSITA

Mira que yo bordaré
sábanas para los dos.

PRIMO

Por los diamantes de Dios
y el clavel de su costado,
juro que vendré a tu lado.

ROSITA

¡Adiós, primo!

PRIMO

¡Prima, adiós!

*(Se abrazan en el «vis-à-vis». Lejos se oye el
piano. El PRIMO sale. ROSITA queda llorando.
Aparece el Tío, que cruza la escena hacia el
invernadero. Al ver a su Tío, ROSITA coge el
libro de las rosas que está al alcance de su
mano.)*

TÍO

¿Qué hacías?

ROSITA

Nada.

TÍO

¿Estabas leyendo?

ROSITA

Sí.

(Sale el Tío. Leyendo.)

Cuando se abre en la mañana
roja como sangre está;
el rocío no la toca
porque se teme quemar.
Abierta en el mediodía
es dura como el coral,
el sol se asoma a los vidrios
para verla relumbrar.

Cuando en las ramas empiezan
los pájaros a cantar
y se desmaya la tarde
en las violetas del mar,
se pone blanca, con blanco
de una mejilla de sal;
y cuando toca la noche
blanco cuerno de metal
y las estrellas avanzan
mientras los aires se van,
en la raya de lo oscuro
se comienza a deshojar.

Telón

Salón de la casa de DOÑA ROSITA. *Al fondo, el jardín*

EL SEÑOR X

Pues yo siempre seré de este siglo.

TÍO

El siglo que acabamos de empezar será un siglo materialista.

EL SEÑOR X

Pero de mucho más adelanto que el que se fue. Mi amigo, el señor Longoria, de Madrid, acaba de comprar un automóvil con el que se lanza a la fantástica velocidad de treinta kilómetros por hora; y el sha de Persia, que por cierto es un hombre muy agradable, ha comprado también un Panhard Levassor de veinticuatro caballos.

TÍO

Y digo yo: ¿adónde van con tanta prisa? Ya ve usted lo que ha pasado en la carrera París-Madrid, que ha habido que suspenderla, porque antes de llegar a Burdeos se mataron todos los corredores.

EL SEÑOR X

El conde Zboronsky, muerto en el accidente, y Marcel Renault, o Renol, que de ambas maneras suele y puede decirse, muerto también en el accidente, son mártires de la ciencia, que serán puestos en los altares el día en que venga la religión de lo positivo. A Renol lo conocí bastante. ¡Pobre Marcelo!

Tío

No me convencerá usted. *(Se sienta.)*

El Señor X
(Con el pie puesto en la silla y jugando con el bastón)

Superlativamente; aunque un catedrático de Economía Política no puede discutir con un cultivador de rosas. Pero hoy día, créame usted, no privan los quietismos ni las ideas *oscurantistas.* Hoy día se abren camino un Juan Bautista Say o Se, que de ambas maneras suele y puede decirse, o un conde León Tolstuá, vulgo Tolstoi, tan galán en la forma como profundo en el concepto. Yo me siento en la Polis viviente; no soy partidario de la Natura Naturata.

Tío

Cada uno vive como puede o como sabe en esta vida diaria.

El Señor X

Está entendido, la Tierra es un planeta mediocre, pero hay que ayudar a la civilización. Si Santos Dumont, en vez de estudiar Meteorología comparada, se hubiera dedicado a cuidar rosas, el aeróstato dirigible estaría en el seno de Brahma.

Tío
(Disgustado)

La botánica también es una ciencia.

EL SEÑOR X
(Despectivo)

Sí, pero aplicada: para estudiar jugos de la Anthemis olorosa, o el ruibarbo, o la enorme pulsátila, o el narcótico de la Datura Stramonium.

Tío
(Ingenuo)

¿Le interesan a usted esas plantas?

EL SEÑOR X

No tengo el suficiente volumen de experiencia sobre ellas. Me interesa la cultura, que es distinto. *Voilà!* *(Pausa.)* ¿Y... Rosita?

Tío

¿Rosita? *(Pausa. En alta voz.)* ¡Rosita!...

VOZ
(Dentro)

No está.

Tío

No está.

EL SEÑOR X

Lo siento.

Tío

Yo también. Como es su santo, habrá salido a rezar los cuarenta credos.

EL SEÑOR X

Le entrega usted de mi parte este *pendentif*. Es una Torre Eiffel de nácar sobre dos palomas que llevan en sus picos la rueda de la industria.

Tío

Lo agradecerá mucho.

EL SEÑOR X

Estuve por haberla traído un cañoncito de plata por cuyo agujero se veía la Virgen de Lurdes, o Lourdes, o una hebilla para el cinturón hecha con una serpiente y cuatro libélulas, pero preferí lo primero por ser de más gusto.

Tío

Gracias.

EL SEÑOR X

Encantado de su favorable acogida.

Tío

Gracias.

EL SEÑOR X

Póngame a los pies de su señora esposa.

Tío

Muchas gracias.

EL SEÑOR X

Póngame a los pies de su encantadora sobrinita, a la que deseo venturas en su celebrado onomástico.

Tío

Mil gracias.

EL SEÑOR X

Considéreme seguro servidor suyo.

Tío

Un millón de gracias.

EL SEÑOR X

Vuelvo a repetir...

Tío

Gracias, gracias, gracias.

EL SEÑOR X

Hasta siempre. *(Se va.)*

Tío

(A voces)

Gracias, gracias, gracias.

AMA

(Sale riendo)

No sé cómo tiene usted paciencia. Con este señor y con el otro, don Confucio Montes de Oca, bautizado en la logia número cuarenta y tres, va a arder la casa un día.

Tío

Te he dicho que no me gusta que escuches las conversaciones.

AMA

Eso se llama ser desagradecido. Estaba detrás de la puerta, sí, señor, pero no era para oír, sino para poner una escoba boca arriba y que el señor se fuera.

TÍA

¿Se fue ya?

Tío

Ya. *(Entra.)*

AMA

¿También este pretende a Rosita?

TÍA

Pero ¿por qué hablas de pretendientes? ¡No conoces a Rosita!

AMA

Pero conozco a los pretendientes.

TÍA

Mi sobrina está comprometida.

AMA

No me haga usted hablar, no me haga usted hablar, no me haga usted hablar, no me haga usted hablar.

TÍA

Pues cállate.

AMA

¿A usted le parece bien que un hombre se vaya y deje quince años plantada a una mujer que es la flor de la manteca? Ella debe casarse. Ya me duelen las manos de guardar mantelerías de encaje de Marsella y juegos de cama adornados de guipure y caminos de mesa y cubrecamas de gasa con flores de realce. Es que ya debe usarlos y romperlos, pero ella no se da cuenta de cómo pasa el tiempo. Tendrá el pelo de plata y todavía estará cosiendo cintas de raso liberti en los volantes de su camisa de novia.

TÍA

Pero ¿por qué te metes en lo que no te importa?

AMA

(Con asombro)

Pero si no me meto, es que estoy metida.

TÍA

Yo estoy segura de que ella es feliz.

AMA

Se lo figura. Ayer me tuvo todo el día acompañándola en la puerta del circo, porque se empeñó en que uno de los titiriteros se parecía a su primo.

TÍA

¿Y se parecía realmente?

AMA

Era hermoso como un novicio cuando sale a cantar la primera misa, pero ya quisiera su sobrino tener aquel talle, aquel cuello de nácar y aquel bigote. No se parecía nada. En la familia de ustedes no hay hombres guapos.

TÍA

¡Gracias, mujer!

AMA

Son todos bajos y un poquito caídos de hombros.

TÍA

¡Vaya!

AMA

Es la pura verdad, señora. Lo que pasó es que a Rosita le gustó el saltimbanqui, como me gustó a mí

y como le gustaría a usted. Pero ella lo **achaca todo**
al otro. A veces me gustaría tirarle un **zapato a la**
cabeza. Porque de tanto mirar al cielo **se le van a**
poner los ojos de vaca.

TÍA

Bueno; y punto final. Bien está que la **zafia hable**,
pero que no ladre.

AMA

No me echará usted en cara que no la **quiero**.

TÍA

A veces me parece que no.

AMA

El pan me quitaría de la boca y la sangre de mis
venas, si ella me los deseara.

TÍA
(Fuerte)

¡Pico de falsa miel! ¡Palabras!

AMA
(Fuerte)

¡Y hechos! Lo tengo demostrado, ¡y hechos! La
quiero más que usted.

TÍA

Eso es mentira.

AMA
(Fuerte)

¡Eso es verdad!

TÍA
¡No me levantes la voz!

AMA
(Alto)
Para eso tengo la campanilla de la lengua.

TÍA
¡Cállese, mal educada!

AMA
Cuarenta años llevo al lado de usted.

TÍA
(Casi llorando)
¡Queda usted despedida!

AMA
(Fortísimo)
¡Gracias a Dios que la voy a perder de vista!

TÍA
(Llorando)
¡A la calle inmediatamente!

AMA
(Rompiendo a llorar)
¡A la calle! *(Se dirige llorando a la puerta y al entrar se le cae un objeto. Las dos están llorando.)*

(Pausa.)

TÍA
(Limpiándose las lágrimas y dulcemente)
¿Qué se te ha caído?

AMA

(Llorando)

Un portatermómetro, estilo Luis Quince.

TÍA

¿Sí?

AMA

Sí, señora. *(Lloran.)*

TÍA

¿A ver?

AMA

Para el santo de Rosita. *(Se acerca.)*

TÍA

(Sorbiendo)

Es una preciosidad.

AMA

(Con voz de llanto)

En medio del terciopelo hay una fuente hecha con caracoles de verdad; sobre la fuente, una glorieta de alambre con rosas verdes; el agua de la taza es un grupo de lentejuelas azules y el surtidor es el propio termómetro. Los charcos que hay alrededor están pintados al aceite y encima de ellos bebe un ruiseñor todo bordado con hilo de oro. Yo quise que tuviera cuerda y cantara, pero no pudo ser.

TÍA

No pudo ser.

AMA

Pero no hace falta que cante. En el jardín los tenemos vivos.

TÍA

Es verdad. *(Pausa.)* ¿Para qué te has metido en esto?

AMA

(Llorando)

Yo doy todo lo que tengo por Rosita.

TÍA

¡Es que tú la quieres como nadie!

AMA

Pero después que usted.

TÍA

No. Tú le has dado tu sangre.

AMA

Usted le ha sacrificado su vida.

TÍA

Pero yo lo he hecho por deber y tú por generosidad.

AMA

(Más fuerte)

¡No diga usted eso!

TÍA

Tú has demostrado quererla más que nadie.

AMA

Yo he hecho lo que haría cualquiera en mi caso. Una criada. Ustedes me pagan y yo sirvo.

TÍA

Siempre te hemos considerado como de la familia.

AMA

Una humilde criada que da lo que tiene y nada más.

TÍA

Pero ¿me vas a decir que nada más?

AMA

¿Y soy otra cosa?

TÍA

(Irritada)

Eso no lo puedes decir aquí. Me voy por no oírte.

AMA

(Irritada)

Y yo también. (*Salen rápidas una por cada puerta. Al salir, la* TÍA *se tropieza con el* TÍO.)

TÍO

De tanto vivir juntas, los encajes se os hacen espinas.

TÍA

Es que quiere salirse siempre con la suya.

TÍO

No me expliques, ya me lo sé todo de memoria... Y sin embargo no puedes estar sin ella. Ayer oí cómo le explicabas con todo detalle nuestra cuenta corriente en el Banco. No te sabes quedar en tu sitio. No me parece conversación lo más a propósito para una criada.

TÍA

Ella no es una criada.

TÍO
(Con dulzura)

Basta, basta, no quiero llevarte la contraria.

TÍA

Pero ¿es que conmigo no se puede hablar?

TÍO

Se puede, pero prefiero callarme.

TÍA

Aunque te quedes con tus palabras de reproche.

TÍO

¿Para qué voy a decir nada a estas alturas? Por no discutir soy capaz de hacerme la cama, de limpiar mis trajes con jabón de palo y cambiar las alfombras de mi habitación.

TÍA

No es justo que te des ese aire de hombre superior y mal servido, cuando todo en esta casa está supeditado a tu comodidad y a tus gustos.

TÍO
(Dulce)

Al contrario, hija.

TÍA
(Seria)

Completamente. En vez de hacer encajes, podo las plantas. ¿Qué haces tú por mí?

Tío

Perdona. Llega un momento en que las personas que viven juntas muchos años hacen motivo de disgusto y de inquietud las cosas más pequeñas, para poner intensidad y afanes en lo que está definitivamente muerto. Con veinte años no teníamos estas conversaciones.

Tía

No. Con veinte años se rompían los cristales...

Tío

Y el frío era un juguete en nuestras manos.

(Aparece Rosita. *Viene vestida de rosa. Ya la moda ha cambiado de mangas de jamón a 1900. Falda en forma de campanela. Atraviesa la escena, rápida, con unas tijeras en la mano. En el centro se para.)*

Rosita

¿Ha llegado el cartero?

Tío

¿Ha llegado?

Tía

No sé. *(A voces.)* ¿Ha llegado el cartero? *(Pausa.)* No, todavía no.

Rosita

Siempre pasa a estas horas.

Tío

Hace rato debió llegar.

TÍA

Es que muchas veces se entretiene.

ROSITA

El otro día me lo encontré jugando al uni-uni-doli-
doli con tres chicos y todo el montón de cartas en el
suelo.

TÍA

Ya vendrá.

ROSITA

Avisadme. *(Sale rápida.)*

TÍO

Pero ¿dónde vas con esas tijeras?

ROSITA

Voy a cortar unas rosas.

TÍO

(Asombrado)

¿Cómo? ¿Y quién te ha dado permiso?

TÍA

Yo. Es el día de su santo.

ROSITA

Quiero poner en las jardineras y en el florero de
la entrada.

TÍO

Cada vez que cortáis una rosa es como si me cor-
taseis un dedo. Ya sé que es igual. *(Mirando a su*

mujer.) No quiero discutir. Sé que duran poco. (*Entra el* AMA.) Así lo dice el vals de las rosas, que es una de las composiciones más bonitas de estos tiempos, pero no puedo reprimir el disgusto que me produce verlas en los búcaros. (*Sale de escena.*)

ROSITA

(*Al* AMA)

¿Vino el correo?

AMA

Pues para lo único que sirven las rosas es para adornar las habitaciones.

ROSITA

(*Irritada*)

Te he preguntado si ha venido el correo.

AMA

(*Irritada*)

¿Es que me guardo yo las cartas cuando vienen?

TÍA

Anda, corta las flores.

ROSITA

Para todo hay en esta casa una gotita de acíbar.

AMA

Nos encontramos el rejalgar por los rincones. (*Sale de escena.*)

TÍA

¿Estás contenta?

ROSITA

No sé.

TÍA

¿Y eso?

ROSITA

Cuando no veo la gente estoy contenta, pero como la tengo que ver...

TÍA

¡Claro! No me gusta la vida que llevas. Tu novio no te exige que seas hurona. Siempre me dice en las cartas que salgas.

ROSITA

Pero es que en la calle noto cómo pasa el tiempo y no quiero perder las ilusiones. Ya han hecho otra casa nueva en la placeta. No quiero enterarme de cómo pasa el tiempo.

TÍA

¡Claro! Muchas veces te he aconsejado que escribas a tu primo y te cases aquí con otro. Tú eres alegre. Yo sé que hay muchachos y hombres maduros enamorados de ti.

ROSITA

¡Pero, tía! Tengo las raíces muy hondas, muy bien hincadas en mi sentimiento. Si no viera a la gente, me creería que hace una semana que se marchó. Yo espero como el primer día. Además, ¿qué es un año, ni dos, ni cinco? *(Suena una campanilla.)* El correo.

TÍA

¿Qué te habrá mandado?

AMA

(Entrando en escena)

Ahí están las solteronas cursilonas.

TÍA

¡María Santísima!

ROSITA

Que pasen.

AMA

La madre y las tres niñas. Lujo por fuera y para la boca unas malas migas de maíz. ¡Qué azotazo en el... les daba...! *(Sale de escena.)*

> *(Entran las tres cursilonas y su mamá. Las tres* SOLTERONAS *vienen con inmensos sombreros de plumas malas, trajes exageradísimos, guantes hasta el codo con pulseras encima y abanicos pendientes de largas cadenas. La* MADRE *viste de negro pardo con un sombrero de viejas cintas moradas.)*

MADRE

Felicidades. *(Se besan.)*

ROSITA

Gracias. *(Besa a las* SOLTERONAS.*)* ¡Amor! ¡Caridad! ¡Clemencia!

SOLTERONA 1.ª

Felicidades.

SOLTERONA 2.ª

Felicidades.

SOLTERONA 3.ª

Felicidades.

TÍA

(*A la* MADRE)

¿Cómo van esos pies?

MADRE

Cada vez peor. Si no fuera por estas, estaría siempre en casa. (*Se sientan.*)

TÍA

¿No se da usted las friegas con alhucemas?

SOLTERONA 1.ª

Todas las noches.

SOLTERONA 2.ª

Y el cocimiento de malvas.

TÍA

No hay reúma que resista.

(*Pausa.*)

MADRE

¿Y su esposo?

TÍA

Está bien, gracias.

(*Pausa.*)

MADRE

Con sus rosas.

TÍA

Con sus rosas.

SOLTERONA 3.ª

¡Qué bonitas son las flores!

SOLTERONA 2.ª

Nosotras tenemos en una maceta un rosal de San Francisco.

ROSITA

Pero las rosas de San Francisco no huelen.

SOLTERONA 1.ª

Muy poco.

MADRE

A mí lo que más me gustan son las celindas.

SOLTERONA 3.ª

Las violetas son también preciosas.

(Pausa.)

MADRE

Niñas, ¿habéis traído la tarjeta?

SOLTERONA 3.ª

Sí. Es una niña vestida de rosa, que al mismo tiempo es barómetro. El fraile con la capucha está ya muy visto. Según la humedad, las faldas de la niña, que son de papel finísimo, se abren o se cierran.

ROSITA

(Leyendo)

Una mañana en el campo
cantaban los ruiseñores
y en su cántico decían:
«Rosita, de las mejores.»
¿Para qué se han molestado ustedes?

TÍA

Es de mucho gusto.

MADRE

¡Gusto no me falta, lo que me falta es dinero!

SOLTERONA 1.ª

¡Mamá...!

SOLTERONA 2.ª

¡Mamá...!

SOLTERONA 3.ª

¡Mamá...!

MADRE

Hijas, aquí tengo confianza. No nos oye nadie. Pero usted lo sabe muy bien: desde que faltó mi pobre marido hago verdaderos milagros para administrar la pensión que nos queda. Todavía me parece oír al padre de estas hijas cuando, generoso y caballero como era, me decía: «Enriqueta, gasta, gasta, que ya gano setenta duros»; ¡pero aquellos tiempos pasaron! A pesar de todo, nosotras no hemos descendido de clase. ¡Y qué angustias he pasado, señora, para que estas hijas puedan seguir usando sombrero! ¡Cuántas lágrimas, cuántas tristezas por una cinta o un grupo de bucles! Esas plumas y esos alambres me tienen costado muchas noches en vela.

SOLTERONA 3.ª

¡Mamá!...

MADRE

Es la verdad, hija mía. No nos podemos extralimitar lo más mínimo. Muchas veces les pregunto: «¿Qué queréis, hijas de mi alma: huevo en el almuerzo o silla en el paseo?» Y ellas me responden las tres a la vez: «Sillas.»

SOLTERONA 3.ª

Mamá, no comentes más esto. Todo Granada lo sabe.

MADRE

Claro, ¿qué van a contestar? Y allá nos vamos con unas patatas y un racimo de uvas, pero con capa de mongolia o sombrilla pintada o blusa de popelinette, con todos los detalles. Porque no hay más remedio. ¡Pero a mí me cuesta la vida! Y se me llenan los ojos de lágrimas cuando las veo alternar con las que pueden.

SOLTERONA 2.ª

¿No vas ahora a la Alameda, Rosita?

ROSITA

No.

SOLTERONA 3.ª

Allí nos reunimos siempre con las de Ponce de León, con las de Herrasti y con las de la baronesa de Santa Matilde de la Bendición Papal. Lo mejor de Granada.

MADRE

¡Claro! Estuvieron juntas en el Colegio de la Puerta del Cielo.

(Pausa.)

TÍA

(Levantándose)

Tomarán ustedes algo. *(Se levantan todas.)*

MADRE

No hay manos como las de usted para el piñonate y el pastel de gloria.

SOLTERONA 1.ª

(A ROSITA)

¿Tienes noticias?

ROSITA

El último correo me prometía novedades. Veremos a ver este.

SOLTERONA 3.ª

¿Has terminado el juego de encajes valenciennes?

ROSITA

¡Toma! Ya he hecho otro de nansú con mariposas a la aguada.

SOLTERONA 2.ª

El día que te cases vas a llevar el mejor ajuar del mundo.

ROSITA

¡Ay, yo pienso que todo es poco! Dicen que los hombres se cansan de una si la ven siempre con el mismo vestido.

AMA

(Entrando)

Ahí están las de Ayola, el fotógrafo.

TÍA

Las señoritas de Ayola, querrás decir.

AMA

Ahí están las señoronas por todo lo alto de Ayola, fotógrafo de Su Majestad y medalla de oro en la exposición de Madrid. *(Sale.)*

TÍA

Hay que aguantarla; pero a veces me crispa los nervios. *(Las* SOLTERONAS *están con* ROSITA *viendo unos paños.)* Están imposibles.

MADRE

Envalentonadas. Yo tengo una muchacha que nos arregla el piso por las tardes; ganaba lo que han ganado siempre: una peseta al mes y las sobras, que ya está bien en estos tiempos; pues el otro día se nos descolgó diciendo que quería un duro, ¡y yo no puedo!

TÍA

No sé dónde vamos a parar.

(Entran las NIÑAS *de Ayola, que saludan a* ROSITA *con alegría. Vienen con la moda exageradísima de la época y ricamente vestidas.)*

ROSITA

¿No se conocen ustedes?

AYOLA 1.ª

De vista.

ROSITA

Las señoritas de Ayola, la señora y señoritas de Escarpini.

AYOLA 2.ª

Ya las vemos sentadas en sus sillas del paseo. *(Disimulan la risa.)*

ROSITA

Tomen asiento. *(Se sientan las* SOLTERONAS.*)*

TÍA

(A las de AYOLA*)*

¿Queréis un dulcecito?

AYOLA 2.ª

No; hemos comido hace poco. Por cierto que yo tomé cuatro huevos con picadillo de tomate, y casi no me podía levantar de la silla.

AYOLA 1.ª

¡Qué graciosa! *(Ríen.)*

> *(Pausa. Las* AYOLA *inician una risa incontenible que se comunica a* ROSITA, *que hace esfuerzos por contenerse. Las* CURSILONAS *y su* MADRE *están serias. Pausa.)*

TÍA

¡Qué criaturas!

MADRE

¡La juventud!

TÍA

Es la edad dichosa.

ROSITA

(Andando por la escena como arreglando cosas)

Por favor, callarse. *(Se callan.)*

TÍA

(*A la* SOLTERONA 3.ª)

¿Y ese piano?

SOLTERONA 3.ª

Ahora estudio poco. Tengo muchas labores que hacer.

ROSITA

Hace mucho tiempo que no te he oído.

MADRE

Si no fuera por mí, ya se le habrían engarabitado los dedos. Pero siempre estoy con el tole tole.

SOLTERONA 2.ª

Desde que murió el pobre papá no tiene ganas. ¡Como a él le gustaba tanto!

AYOLA 2.ª

Me acuerdo que algunas veces se le caían las lágrimas.

SOLTERONA 1.ª

Cuando tocaba la tarantela de Popper.

SOLTERONA 2.ª

Y la plegaria de la Virgen.

MADRE

¡Tenía mucho corazón!

> (*Las* AYOLA, *que han estado conteniendo la risa, rompen a reír en grandes carcajadas.* RO- SITA, *vuelta de espaldas a las* SOLTERONAS, *ríe también, pero se domina.*)

TÍA

¡Qué chiquillas!

AYOLA 1.ª

Nos reímos porque antes de entrar aquí...

AYOLA 2.ª

Tropezó esta y estuvo a punto de dar la vuelta de campana...

AYOLA 1.ª

Y yo... *(Ríen.)*

> *(Las SOLTERONAS inician una leve risa fingida con un matiz cansado y triste.)*

MADRE

¡Ya nos vamos!

TÍA

De ninguna manera.

ROSITA

(A todas)

¡Pues celebremos que no te hayas caído! Ama, trae los huesos de Santa Catalina.

SOLTERONA 3.ª

¡Qué ricos son!

MADRE

El año pasado nos regalaron a nosotras medio kilo.

> *(Entra el AMA con los huesos.)*

AMA

Bocados para gente fina. *(A* ROSITA.*)* Ya viene el correo por los alamillos.

Rosita

¡Espéralo en la puerta!

Ayola 1.ª

Yo no quiero comer. Prefiero una palomilla de anís.

Ayola 2.ª

Y yo de agraz.

Rosita

¡Tú siempre tan borrachilla!

Ayola 1.ª

Cuando yo tenía seis años venía aquí y el novio de Rosita me acostumbró a beberlas. ¿No recuerdas, Rosita?

Rosita

(Seria)

¡No!

Ayola 2.ª

A mí, Rosita y su novio me enseñaban las letras A, B, C... ¿Cuánto tiempo hace de esto?

Tía

¡Quince años!

Ayola 1.ª

A mí, casi, casi, se me ha olvidado la cara de tu novio.

Ayola 2.ª

¿No tenía una cicatriz en el labio?

ROSITA

¿Una cicatriz? Tía, ¿tenía una cicatriz?

TÍA

Pero ¿no te acuerdas, hija? Era lo único que le afeaba un poco.

ROSITA

Pero no era una cicatriz; era una quemadura, un poquito rosada. Las cicatrices son hondas.

AYOLA 1.ª

¡Tengo una gana de que Rosita se case!

ROSITA

¡Por Dios!

AYOLA 2.ª

Nada de tonterías. ¡Yo también!

ROSITA

¿Por qué?

AYOLA 1.ª

Para ir a una boda. En cuanto yo pueda, me caso.

TÍA

¡Niña!

AYOLA 1.ª

Con quien sea, pero no me quiero quedar soltera.

AYOLA 2.ª

Yo pienso igual.

TÍA

(*A la* MADRE)

¿Qué le parece a usted?

AYOLA 1.ª

¡Ay! ¡Y si soy amiga de Rosita es porque sé que tiene novio! Las mujeres sin novio están pochas, recocidas, y todas ellas... (*Al ver a las* SOLTERONAS.) Bueno, todas, no; algunas de ellas... En fin, ¡todas están rabiadas!

TÍA

¡Ea! Ya está bien.

MADRE

Déjela.

SOLTERONA 1.ª

Hay muchas que no se casan porque no quieren.

AYOLA 2.ª

Eso no lo creo yo.

SOLTERONA 1.ª

(*Con intención*)

Lo sé muy cierto.

AYOLA 2.ª

La que no se quiere casar deja de echarse polvos y ponerse postizos debajo de la pechera, y no se está día y noche en las barandillas del balcón atisbando la gente.

SOLTERONA 2.ª

¡Le puede gustar tomar el aire!

ROSITA

Pero ¡qué discusión más tonta! *(Ríen forzadamente.)*

TÍA

Bueno. ¿Por qué no tocamos un poquito?

MADRE

¡Anda, niña!

SOLTERONA 3.ª

(Levantándose)

Pero ¿qué toco?

AYOLA 2.ª

Toca «¡Viva Frascuelo!»

SOLTERONA 2.ª

La barcarola de «La fragata Numancia».

ROSITA

¿Y por qué no «Lo que dicen las flores»?

MADRE

¡Ah, sí, «Lo que dicen las flores»! *(A la* TÍA.) ¿No la ha oído usted? Habla y toca al mismo tiempo. ¡Una preciosidad!

SOLTERONA 3.ª

También puedo decir «Volverán las oscuras golondrinas de tu balcón los nidos a colgar».

AYOLA 1.ª

Eso es muy triste.

SOLTERONA 1.ª

Lo triste es bonito también.

TÍA

¡Vamos! ¡Vamos!

SOLTERONA 3.ª

(En el piano)

Madre, llévame a los campos
con la luz de la mañana
a ver abrirse las flores
cuando se mecen las ramas.
Mil flores dicen mil cosas
para mil enamoradas,
y la fuente está contando
lo que el ruiseñor se calla.

ROSITA

Abierta estaba la rosa
con la luz de la mañana;
tan roja de sangre tierna,
que el rocío se alejaba;
tan caliente sobre el tallo,
que la brisa se quemaba;
¡tan alta!, ¡cómo reluce!
¡Abierta estaba!

SOLTERONA 3.ª

«Sólo en ti pongo mis ojos»,
el heliotropo expresaba.
«No te querré mientras viva»,
dice la flor de la albahaca.
«Soy tímida», la violeta.

«Soy fría», la rosa blanca.
Dice el jazmín: «Seré fiel»;
y el clavel: «¡Apasionada!»

SOLTERONA 2.ª

El jacinto es la amargura;
el dolor, la pasionaria.

SOLTERONA 1.ª

El jaramago, el desprecio;
y los lirios, la esperanza.

TÍA

Dice el nardo: «Soy tu amigo».
«Creo en tí», la pasionaria.
La madreselva te mece,
la siempreviva te mata.

MADRE

Siempreviva de la muerte,
flor de las manos cruzadas;
¡qué bien estás cuando el aire
llora sobre tu guirnalda!

ROSITA

Abierta estaba la rosa,
pero la tarde llegaba,
y un rumor de nieve triste
le fue pesando las ramas;
cuando la sombra volvía,
cuando el ruiseñor cantaba,
como una muerta de pena
se puso transida y blanca;

y cuando la noche, grande
cuerno de metal sonaba
y los vientos enlazados
dormían en la montaña,
se deshojó suspirando
por los cristales del alba.

SOLTERONA 3.ª

Sobre tu largo cabello
gimen las flores cortadas.
Unas llevan puñalitos;
otras, fuego, y otras, agua.

SOLTERONA 1.ª

Las flores tienen su lengua
para las enamoradas.

ROSITA

Son celos el carambuco;
desdén esquivo, la dalia;
suspiros de amor, el nardo;
risa, la gala de Francia.
Las amarillas son odio;
el furor, las encarnadas;
las blancas son casamiento,
y las azules, mortaja.

SOLTERONA 3.ª

Madre, llévame a los campos
con la luz de la mañana,
a ver abrirse las flores
cuando se mecen las ramas.

(El piano hace la última escala y se para.)

TÍA

¡Ay, qué preciosidad!

MADRE

Saben también el lenguaje del abanico, el lenguaje
de los guantes, el lenguaje de los sellos y el lenguaje
de las horas. A mí se me pone la carne de gallina
cuando dicen aquello:

> Las doce dan sobre el mundo
> con horrísono rigor;
> de la hora de tu muerte
> acuérdate, pecador.

AYOLA 1.ª

(Con la boca llena de dulce)

¡Qué cosa más fea!

MADRE

Y cuando dicen:

> A la una nacemos,
> la, ra, la, la,
> y este nacer,
> la, la, ran,
> es como abrir los ojos,
> lan,
> en un vergel,
> vergel, vergel.

AYOLA 2.ª

(A su HERMANA*)*

Me parece que la vieja ha empinado el codo. (*A la*
MADRE.) ¿Quiere otra copita?

MADRE

Con sumo gusto y fina voluntad, como se decía en mi época.

(ROSITA *ha estado espiando la llegada del correo.*)

AMA

¡El correo!

(Algazara general.)

TÍA

Y ha llegado justo.

SOLTERONA 3.ª

Ha tenido que contar los días para que llegue hoy.

MADRE

¡Es una fineza!

AYOLA 2.ª

¡Abre la carta!

AYOLA 1.ª

Más discreto es que la leas tú sola, porque a lo mejor te dice algo verde.

MADRE

¡Jesús!

(Sale ROSITA *con la carta.)*

AYOLA 1.ª

Una carta de un novio no es un devocionario.

SOLTERONA 3.ª

Es un devocionario de amor.

AYOLA 2.ª

¡Ay, qué finoda! *(Ríen las* AYOLA.)

AYOLA 1.ª

Se conoce que no ha recibido ninguna.

MADRE
(Fuerte)
¡Afortunadamente para ella!

AYOLA 1.ª

Con su pan se lo coma.

TÍA
(Al AMA, *que va a entrar con* ROSITA)
¿Dónde vas tú?

AMA

¿Es que no puedo dar un paso?

TÍA

¡Déjala a ella!

ROSITA
(Saliendo)
¡Tía! ¡Tía!

TÍA

Hija, ¿qué pasa?

ROSITA
(Con agitación)
¡Ay tía!

AYOLA 1.ª

¿Qué?

SOLTERONA 3.ª

¡Dinos!

AYOLA 2.ª

¿Qué?

AMA

¡Habla!

TÍA

¡Rompe!

MADRE

¡Un vaso de agua!

AYOLA 2.ª

¡Venga!

AYOLA 1.ª

Pronto.

(Algazara.)

ROSITA

(Con voz ahogada)

Que se casa... *(Espanto en todos.)* Que se casa conmigo, porque ya no puede más, pero que...

AYOLA 2.ª

(Abrazándola)

¡Olé! ¡Qué alegría!

AYOLA 1.ª

¡Un abrazo!

TÍA

Dejadla hablar.

ROSITA

(Más calmada)

Pero como le es imposible venir por ahora, la boda será por poderes y luego vendrá él.

SOLTERONA 1.ª

¡Enhorabuena!

MADRE

(Casi llorando)

¡Dios te haga lo feliz que mereces! *(La abraza.)*

AMA

Bueno; y «poderes», ¿qué es?

ROSITA

Nada. Una persona representa al novio en la ceremonia.

AMA

¿Y qué más?

ROSITA

¡Que está una casada!

AMA

Y por la noche, ¿qué?

ROSITA

¡Por Dios!

AYOLA 1.ª

Muy bien dicho. Y por la noche, ¿qué?

TÍA

¡Niñas!

AMA

¡Que venga en persona y se case! ¡«Poderes»! No lo he oído decir nunca. La cama y sus pinturas temblando de frío, y la camisa de novia en lo más oscuro del baúl. Señora, no deje usted que los «poderes» entren en esta casa. *(Ríen todos.)* ¡Señora, que yo no quiero «poderes»!

ROSITA

Pero él vendrá pronto. ¡Esto es una prueba más de lo que me quiere!

AMA

¡Eso! ¡Que venga y que te coja del brazo y que menee el azúcar de tu café y lo pruebe antes a ver si quema! *(Risas.)*

(Aparece el Tío *con una rosa.)*

ROSITA

¡Tío!

TÍO

Lo he oído todo, y casi sin darme cuenta he cortado la única rosa mudable que tenía en mi invernadero. Todavía estaba roja,

>   abierta en el mediodía,
>   es roja como el coral.

ROSITA

>   El sol se asoma a los vidrios
>   para verla relumbrar.

TÍO

Si hubiera tardado dos horas más en cortarla te la hubiese dado blanca.

ROSITA

>   Blanca como la paloma,
>   como la risa del mar;
>   blanca como el blanco frío
>   de una mejilla de sal.

Tío

Pero todavía, todavía tiene la brasa de su juventud.

Tía

Bebe conmigo una copita, hombre. Hoy es día de que lo hagas.

(Algazara. La Solterona 3.ª se sienta al piano y toca una polka. Rosita está mirando la rosa. Las Solteronas 2.ª y 1.ª bailan con las Ayola y cantan.)

Porque mujer te vi
a la orilla del mar,
tu dulce languidez
me hacía suspirar,
y aquel dulzor sutil
de mi ilusión fatal
a la luz de la luna
lo viste naufragar.

(La Tía y el Tío bailan. Rosita se dirige a la pareja Soltera 2.ª y Ayola. Baila con la Soltera. La Ayola bate palmas al ver a los viejos y el Ama al entrar hace el mismo juego.)

Telón

ACTO TERCERO

Sala baja de ventanas con persianas verdes que dan al Jardín del Carmen. Hay un silencio en la escena. Un reloj da las seis de la tarde. Cruza la escena el AMA con un cajón y una maleta. Han pasado diez años. Aparece la TÍA y se sienta en una silla baja, en el centro de la escena. Silencio. El reloj vuelve a dar las seis. Pausa

AMA

(Entrando)

La repetición de las seis.

TÍA

¿Y la niña?

AMA

Arriba, en la torre. Y usted, ¿dónde estaba?

TÍA

Quitando las últimas macetas del invernadero.

AMA

No la he visto en toda la mañana.

TÍA

Desde que murió mi marido está la casa tan vacía que parece el doble de grande, y hasta tenemos que buscarnos. Algunas noches, cuando toso en mi cuarto, oigo un eco como si estuviera en una iglesia.

AMA

Es verdad que la casa resulta demasiado grande.

TÍA

Y luego..., si él viviera, con aquella claridad que tenía, con aquel talento... *(Casi llorando.)*

AMA
(Cantando)

Lan-lan-van-lan-lan... No, señora, llorar no lo consiento. Hace ya seis años que murió y no quiero que esté usted como el primer día. ¡Bastante lo hemos llorado! ¡A pisar firme, señora! ¡Salga el sol por las esquinas! ¡Que nos espere muchos años todavía cortando rosas!

TÍA
(Levantándose)

Estoy muy viejecita, ama. Tenemos encima una ruina muy grande.

AMA

No nos faltará. ¡También yo estoy vieja!

TÍA

¡Ojalá tuviera yo tus años!

AMA

Nos llevamos poco, pero como yo he trabajado mucho, estoy engrasada, y usted, a fuerza de poltrona, se le han engarabitado las piernas.

TÍA

¿Es que te parece que yo no he trabajado?

AMA

Con las puntillas de los dedos, con hilos, con tallos, con confituras; en cambio, yo he trabajado con las espaldas, con las rodillas, con las uñas.

TÍA

Entonces, gobernar una casa ¿no es trabajar?

AMA

Es mucho más difícil fregar sus suelos.

TÍA

No quiero discutir.

AMA

¿Y por qué no? Así pasamos el rato. Ande. Replíqueme. Pero nos hemos quedado mudas. Antes se daban voces. Que si esto, que si lo otro, que si las natillas, que si no planches más...

TÍA

Yo ya estoy entregada..., y un día sopas, otro día migas, mi vasito de agua y mi rosario en el bolsillo, esperaría la muerte con dignidad... ¡Pero cuando pienso en Rosita!

AMA

¡Esa es la llaga!

TÍA

(Enardecida)

Cuando pienso en la mala acción que le han hecho y en el terrible engaño mantenido y en la falsedad del corazón de ese hombre, que no es de mi familia ni

merece ser de mi familia, quisiera tener veinte años
para tomar un vapor y llegar a Tucumán y coger un
látigo...

AMA

(Interrumpiéndola)

... y coger una espada y cortarle la cabeza y macha-
cársela con dos piedras y cortarle la mano del falso
juramento y las mentirosas escrituras de cariño.

TÍA

Sí, sí; que pagara con sangre lo que sangre ha costado, aunque toda sea sangre mía, y después...

AMA

... aventar las cenizas sobre el mar.

TÍA

Resucitarlo y traerlo con Rosita para respirar satisfecha con la honra de los míos.

AMA

Ahora me dará usted la razón.

TÍA

Te la doy.

AMA

Allí encontró la rica que iba buscando y se casó,
pero debió decirlo a tiempo. Porque ¿quién quiere ya
a esta mujer? ¡Ya está pasada! Señora, ¿y no le po-
dríamos mandar una carta envenenada, que se mu-
riera de repente al recibirla?

TÍA

¡Qué cosas! Ocho años lleva de matrimonio, y hasta el mes pasado no me escribió el canalla la verdad. Yo notaba algo en las cartas; los poderes que no venían, un aire dudoso..., no se atrevía, pero al fin lo hizo. ¡Claro que después que su padre murió! Y esta criatura...

AMA

¡Chist...!

TÍA

Y recoge las dos orzas.

(*Aparece* ROSITA. *Viene vestida de un rosa claro con moda del 1910. Entra peinada de bucles. Está muy avejentada.*)

AMA

¡Niña!

ROSITA

¿Qué hacéis?

AMA

Criticando un poquito. Y tú, ¿dónde vas?

ROSITA

Voy al invernadero. ¿Se llevaron ya las macetas?

TÍA

Quedan unas pocas.

(*Sale* ROSITA. *Se limpian las lágrimas las dos mujeres.*)

AMA

¿Y ya está? ¿Usted sentada y yo sentada? ¿Y a morir tocan? ¿Y no hay ley? ¿Y no hay gárvilos para hacerlo polvo...?

TÍA

Calla, ¡no sigas!

AMA

Yo no tengo genio para aguantar estas cosas sin que el corazón me corra por todo el pecho como si fuera un perro perseguido. Cuando yo enterré a mi marido lo sentí mucho, pero tenía en el fondo una gran alegría..., alegría no..., golpetazos de ver que la enterrada no era yo. Cuando enterré a mi niña..., ¿me entiende usted?, cuando enterré a mi niña fue como si me pisotearan las entrañas, pero los muertos son muertos. Están muertos, vamos a llorar, se cierra la puerta, ¡y a vivir! Pero esto de mi Rosita es lo peor. Es querer y no encontrar el cuerpo; es llorar y no saber por quién se llora; es suspirar por alguien que uno sabe que no se merece los suspiros. Es una herida abierta que mana sin parar un hilito de sangre, y no hay nadie, nadie en el mundo, que traiga los algodones, las vendas o el precioso terrón de nieve.

TÍA

¿Qué quieres que yo haga?

AMA

Que nos lleve el río.

TÍA

A la vejez todo se nos vuelve de espaldas.

AMA

Mientras yo tenga brazos nada le faltará.

TÍA

(Pausa. Muy bajo, como en vergüenza)

Ama, ¡ya no puedo pagar tus mensualidades! Tendrás que abandonarnos.

AMA

¡Huuy! ¡Qué airazo entra por la ventana! ¡Huuy!... ¿O será que me estoy volviendo sorda? Pues... ¿y las ganas que me entran de cantar? ¡Como los niños que salen del colegio! *(Se oyen voces infantiles.)* ¿Lo oye usted, señora? Mi señora, más señora que nunca. *(La abraza.)*

TÍA

Oye.

AMA

Voy a guisar. Una cazuela de jureles perfumada con hinojos.

TÍA

¡Escucha!

AMA

¡Y un monte nevado! Le voy a hacer un monte nevado con grageas de colores...

TÍA

¡Pero mujer!...

AMA

(A voces)

¡Digo!... ¡Si está aquí don Martín! Don Martín, ¡adelante! ¡Vamos! Entretenga un poco a la señora.

> *(Sale rápida. Entra* DON MARTÍN. *Es un viejo con el pelo rojo. Lleva una muleta con la que sostiene una pierna encogida. Tipo noble, de gran dignidad, con un aire de tristeza definitiva.)*

TÍA

¡Dichosos los ojos!

MARTÍN

¿Cuándo es la arrancada definitiva?

TÍA

Hoy.

MARTÍN

¡Qué se le va a hacer!

TÍA

La nueva casa no es esto. Pero tiene buenas vistas y un patinillo con dos higueras donde se pueden tener flores.

MARTÍN

Más vale así. *(Se sientan.)*

TÍA

¿Y usted?

MARTÍN

Mi vida de siempre. Vengo de explicar mi clase de Preceptiva. Un verdadero infierno. Era una lección preciosa: «Concepto y definición de la Harmonía», pero a los niños no les interesa nada. ¡Y qué niños! A mí, como me ven inútil, me respetan un poquito; alguna vez un alfiler que otro en el asiento, o un muñequito en la espalda, pero a mis compañeros les hacen cosas horribles. Son los niños de los ricos y, como pagan, no se les puede castigar. Así nos dice siempre el Director. Ayer se empeñaron en que el pobre señor Canito, profesor nuevo de Geografía, llevaba corsé; porque tiene un cuerpo algo retrepado, y cuando estaba solo en el patio, se reunieron los grandullones y los internos, lo desnudaron de cintura para arriba, lo ataron a una de las columnas del corredor y le arrojaron desde el balcón un jarro de agua.

TÍA

¡Pobre criatura!

MARTÍN

Todos los días entro temblando en el colegio esperando lo que van a hacerme, aunque, como digo, respetan algo mi desgracia. Hace un rato tenían un escándalo enorme, porque el señor Consuegra, que explica latín admirablemente, había encontrado un excremento de gato sobre su lista de clase.

TÍA

¡Son el enemigo!

MARTÍN

Son los que pagan y vivimos con ellos. Y créame usted que los padres se ríen luego de las infamias, porque como somos los pasantes y no les vamos a examinar los hijos, nos consideran como hombres sin sentimiento, como a personas situadas en el último escalón de gente que lleva todavía corbata y cuello planchado.

TÍA

¡Ay don Martín! ¡Qué mundo este!

MARTÍN

¡Qué mundo! Yo soñaba siempre ser poeta. Me dieron una flor natural y escribí un drama que nunca se pudo representar.

TÍA

¿«La hija del Jefté»?

MARTÍN

¡Eso es!

TÍA

Rosita y yo lo hemos leído. Usted nos lo prestó. ¡Lo hemos leído cuatro o cinco veces!

MARTÍN

(Con ansia)

¿Y qué...?

TÍA

Me gustó mucho. Se lo he dicho siempre. Sobre todo cuando ella va a morir y se acuerda de su madre y la llama.

MARTÍN

Es fuerte, ¿verdad? Un drama verdadero. Un drama de contorno y de concepto. Nunca se pudo representar. *(Rompiendo a recitar.)*

¡Oh madre excelsa! Torna tu mirada
a la que en vil sopor rendida yace;
¡recibe tú las fúlgidas preseas
y el hórrido estertor de mi combate!

¿Y es que esto está mal? ¿Y es que no suena bien de acento y de cesura este verso: «y el hórrido estertor de mi combate»?

TÍA

¡Precioso! ¡Precioso!

MARTÍN

Y cuando Glucinio se va a encontrar con Isaías y levanta el tapiz de la tienda...

AMA

(Interrumpiéndole)

Por aquí.

(Entran dos OBREROS *vestidos con trajes de pana.)*

OBRERO 1.º

Buenas tardes.

MARTÍN y TÍA

(Juntos)

Buenas tardes.

AMA

¡Ese es! *(Señala un diván grande que hay al fondo de la habitación.)*

(Los HOMBRES *lo sacan lentamente como si sacaran un ataúd. El* AMA *los sigue. Silencio. Se oyen dos campanadas mientras salen los hombres con el diván.)*

MARTÍN

¿Es la Novena de Santa Gertrudis la Magna?

TÍA

Sí, en San Antón.

MARTÍN

¡Es muy difícil ser poeta! *(Salen los* HOMBRES.*)* Después quise ser farmacéutico. Es una vida tranquila.

TÍA

Mi hermano, que en gloria esté, era farmacéutico.

MARTÍN

Pero no pude. Tenía que ayudar a mi madre y me hice profesor. Por eso envidiaba yo tanto a su marido. Él fue lo que quiso.

TÍA

¡Y le costó la ruina!

MARTÍN

Sí, pero es peor esto mío.

TÍA

Pero usted sigue escribiendo.

MARTÍN

No sé por qué escribo, porque no tengo ilusión, pero sin embargo es lo único que me gusta. ¿Leyó usted mi cuento de ayer en el segundo número de «Mentalidad Granadina»?

TÍA

¿«El cumpleaños de Matilde»? Sí, lo leímos; una preciosidad.

MARTÍN

¿Verdad que sí? Ahí he querido renovarme haciendo una cosa del ambiente actual; ¡hasta hablo de un aeroplano! Verdad es que hay que modernizarse. Claro que lo que más me gusta a mí son mis sonetos.

TÍA

¡A las nueve musas del Parnaso!

MARTÍN

A las diez, a las diez. ¿No se acuerda usted que nombré décima musa a Rosita?

AMA

(Entrando)

Señora, ayúdeme usted a doblar esta sábana. *(Se ponen a doblarla entre las dos.)* ¡Don Martín con su pelito rojo! ¿Por qué no se casó, hombre de Dios? ¡No estaría tan solo en esta vida!

MARTÍN

¡No me han querido!

AMA

Es que ya no hay gusto. ¡Con la manera de hablar tan preciosa que tiene usted!

TÍA

¡A ver si lo vas a enamorar!

MARTÍN

¡Que pruebe!

AMA

Cuando él explica en la sala baja del colegio, yo voy a la carbonería para oírlo: «¿Qué es idea?» «La representación intelectual de una cosa o un objeto.» ¿No es así?

MARTÍN

¡Mírenla! ¡Mírenla!

AMA

Ayer decía a voces: «No; ahí hay hipérbaton», y luego... «el epinicio»... A mí me gustaría entender, pero como no entiendo me dan ganas de reír, y el carbonero, que siempre está leyendo un libro que se llama *Las ruinas de Palmira,* me echa unas miradas como si fueran dos gatos rabiosos. Pero aunque me ría, como ignorante, comprendo que don Martín tiene mucho mérito.

MARTÍN

No se le da hoy mérito a la Retórica y Poética, ni a la cultura universitaria.

(Sale el AMA *rápida con la sábana doblada.)*

TÍA

¡Qué le vamos a hacer! Ya nos queda poco tiempo en este teatro.

MARTÍN

Y hay que emplearlo en la bondad y en el sacrificio.

(Se oyen voces.)

TÍA

¿Qué pasa?

AMA

(Apareciendo)

Don Martín, que vaya usted al colegio, que los niños han roto con un clavo las cañerías y están todas las clases inundadas.

MARTÍN

Vamos allá. Soñé con el Parnaso y tengo que hacer de albañil y fontanero. Con tal de que no me empujen o resbale... *(El* AMA *ayuda a levantarse a* DON MARTÍN.)*

(Se oyen voces.)

AMA

¡Ya va...! ¡Un poco de calma! ¡A ver si el agua sube hasta que no quede un niño vivo!

MARTÍN

(Saliendo)

¡Bendito sea Dios!

TÍA

Pobre, ¡qué sino el suyo!

AMA

Mírese en ese espejo. Él mismo se plancha los cuellos y cose sus calcetines, y cuando estuvo enfermo, que le llevé las natillas, tenía una cama con unas sábanas que tiznaban como el carbón y unas paredes y un lavabillo..., ¡ay!

TÍA

¡Y otros, tanto!

AMA

Por eso siempre diré: ¡Malditos, malditos sean los ricos! ¡No quede de ellos ni las uñas de las manos!

TÍA

¡Déjalos!

AMA

Pero estoy segura que van al infierno de cabeza. ¿Dónde cree usted que estará don Rafael Salé, explotador de los pobres, que enterraron anteayer, Dios le haya perdonado, con tanto cura y tanta monja y tanto gori-gori? ¡En el infierno! Y él dirá: «¡Que tengo veinte millones de pesetas, no me apretéis con las tenazas! ¡Os doy cuarenta mil duros si me arrancáis estas brasas de los pies!»; pero los demonios, tizonazo por aquí, tizonazo por allá, puntapié que te quiero, bofetadas en la cara, hasta que la sangre se le convierta en carbonilla.

TÍA

Todos los cristianos sabemos que ningún rico entra en el reino de los cielos, pero a ver si por hablar de ese modo vas a parar también al infierno de cabeza.

AMA

¿Al infierno yo? Del primer empujón que le doy a la caldera de Pedro Botero hago llegar el agua caliente a los confines de la tierra. No, señora, no. Yo entro en el cielo a la fuerza. (Dulce.) Con usted. Cada una en una butaca de seda celeste que se meza ella sola, y unos abanicos de raso grana. En medio de las dos, en un columpio de jazmines y matas de romero, Rosita meciéndose, y detrás su marido cubierto de rosas, como salió en su caja de esta habitación; con la misma sonrisa, con la misma frente blanca como si fuera de cristal, y usted se mece así, y yo así, y Rosita así, y detrás el Señor tirándonos rosas como si las tres fuéramos un paso de nácar lleno de cirios y caireles.

TÍA

Y los pañuelos para las lágrimas que se queden aquí abajo.

AMA

Eso, que se fastidien. Nosotras, ¡juerga celestial!

TÍA

¡Porque ya no nos queda una sola dentro del corazón!

OBRERO 1.º

Ustedes dirán.

AMA

Vengan. *(Entran. Desde la puerta.)* ¡Ánimo!

TÍA

¡Dios te bendiga! *(Se sienta lentamente.)*

> *(Aparece ROSITA con un paquete de cartas en la mano. Silencio.)*

TÍA

¿Se han llevado ya la cómoda?

ROSITA

En este momento. Su prima Esperanza mandó un niño por un destornillador.

TÍA

Estarán armando las camas para esta noche. Debimos irnos temprano y haber hecho las cosas a nuestro gusto. Mi prima habrá puesto los muebles de cualquier manera.

ROSITA

Pero yo prefiero salir de aquí con la calle a oscuras. Si me fuera posible apagaría el farol. De todos modos los vecinos estarán acechando. Con la mudanza ha estado todo el día la puerta llena de chiquillos, como si en la casa hubiera un muerto.

TÍA

Si yo lo hubiera sabido no hubiese consentido de
ninguna manera que tu tío hubiera hipotecado la casa
con muebles y todo. Lo que sacamos es lo sucinto, la
silla para sentarnos y la cama para dormir.

ROSITA

Para morir.

TÍA

¡Fue buena jugada la que nos hizo! ¡Mañana vienen los nuevos dueños! Me gustaría que tu tío nos
viera. ¡Viejo tonto! Pusilánime para los negocios.
¡Chalado de las rosas! ¡Hombre sin idea del dinero!
Me arruinaba cada día. «Ahí está Fulano»; y él:
«Que entre»; y entraba con los bolsillos vacíos y salía con ellos rebosando plata, y siempre: «Que no se
entere mi mujer.» ¡El manirroto! ¡El débil! Y no
había calamidad que no remediase... ni niños que no
amparase, porque..., porque... tenía el corazón más
grande que hombre tuvo..., el alma cristiana más
pura...; no, no, ¡cállate, vieja! ¡Cállate, habladora, y
respeta la voluntad de Dios! ¡Arruinadas! Muy bien
y ¡silencio!; pero te veo a ti...

ROSITA

No se preocupe de mí, tía. Yo sé que la hipoteca la
hizo para pagar mis muebles y mi ajuar, y esto es lo
que me duele.

TÍA

Hizo bien. Tú lo merecías todo. Y todo lo que se
compró es digno de ti y será hermoso el día que
lo uses.

ROSITA

¿El día que lo use?

TÍA

¡Claro! El día de tu boda.

ROSITA

No me haga usted hablar.

TÍA

Ese es el defecto de las mujeres decentes de estas tierras. ¡No hablar! No hablamos y tenemos que hablar. *(A voces.)* ¡Ama! ¿Ha llegado el correo?

ROSITA

¿Qué se propone usted?

TÍA

Que me veas vivir, para que aprendas.

ROSITA

(Abrazándola)

Calle.

TÍA

Alguna vez tengo que hablar alto. Sal de tus cuatro paredes, hija mía. No te hagas a la desgracia.

ROSITA

(Arrodillada delante de ella)

Me he acostumbrado a vivir muchos años fuera de mí, pensando en cosas que estaban muy lejos, y ahora que estas cosas ya no existen sigo dando vueltas y más vueltas por un sitio frío, buscando una salida que no he de encontrar nunca. Yo lo sabía todo. Sabía que

se había casado; ya se encargó un alma caritativa de
decírmelo, y he estado recibiendo sus cartas con una
ilusión llena de sollozos que aun a mí misma me
asombraba. Si la gente no hubiera hablado; si vosotras no lo hubierais sabido; si no lo hubiera sabido
nadie más que yo, sus cartas y su mentira hubieran
alimentado mi ilusión como el primer año de su ausencia. Pero lo sabían todos y yo me encontraba se-
ñalada por un dedo que hacía ridícula mi modestia
de prometida y daba un aire grotesco a mi abanico
de soltera. Cada año que pasaba era como una prenda íntima que arrancaran de mi cuerpo. Y hoy se casa
una amiga y otra y otra, y mañana tiene un hijo y
crece, y viene a enseñarme sus notas de examen, y
hacen casas nuevas y canciones nuevas, y yo igual,
con el mismo temblor, igual; yo, lo mismo que antes,
cortando el mismo clavel, viendo las mismas nubes;
y un día bajo al paseo y me doy cuenta de que no conozco a nadie; muchachas y muchachos me dejan
atrás porque me canso, y uno dice: «Ahí está la solterona»; y otro, hermoso, con la cabeza rizada, que
comenta: «A esa ya no hay quien le clave el diente.»
Y yo lo oigo y no puedo gritar, sino vamos adelante,
con la boca llena de veneno y con unas ganas enormes
de huir, de quitarme los zapatos, de descansar y no
moverme más, nunca, de mi rincón.

TÍA

¡Hija! ¡Rosita!

ROSITA

Ya soy vieja. Ayer le oí decir al ama que todavía
podía yo casarme. De ningún modo. No lo pienses.

Ya perdí la esperanza de hacerlo con quien quise con toda mi sangre, con quien quise y... con quien quiero. Todo está acabado... y, sin embargo, con toda la ilusión perdida, me acuesto, y me levanto con el más terrible de los sentimientos, que es el sentimiento de tener la esperanza muerta. Quiero huir, quiero no ver, quiero quedarme serena, vacía... (¿es que no tiene derecho una pobre mujer a respirar con libertad?) Y sin embargo la esperanza me persigue, me ronda, me muerde; como un lobo moribundo que apretase sus dientes por última vez.

TÍA

¿Por qué no me hiciste caso? ¿Por qué no te casaste con otro?

ROSITA

Estaba atada, y además, ¿qué hombre vino a esta casa sincero y desbordante para procurarse mi cariño? Ninguno.

TÍA

Tú no les hacías ningún caso. Tú estabas encelada por un palomo ladrón.

ROSITA

Yo he sido siempre seria.

TÍA

Te has aferrado a tu idea sin ver la realidad y sin tener caridad de tu porvenir.

ROSITA

Soy como soy. Y no me puedo cambiar. Ahora lo
único que me queda es mi dignidad. Lo que tengo por
dentro lo guardo para mí sola.

TÍA

Eso es lo que yo no quiero.

AMA

(Saliendo de pronto)

¡Ni yo tampoco! Tú hablas, te desahogas, nos har-
tamos de llorar las tres y nos repartimos el sentimiento.

ROSITA

¿Y qué os voy a decir? Hay cosas que no se pueden
decir porque no hay palabras para decirlas; y si las
hubiera, nadie entendería su significado. Me enten-
déis si pido pan y agua y hasta un beso, pero nunca
me podríais ni entender ni quitar esta mano oscura
que no sé si me hiela o me abrasa el corazón cada vez
que me quedo sola.

AMA

Ya está diciendo algo.

TÍA

Para todo hay consuelo.

ROSITA

Sería el cuento de nunca acabar. Yo sé que los ojos
los tendré siempre jóvenes, y sé que la espalda se me
irá curvando cada día. Después de todo, lo que me ha

pasado le ha pasado a mil mujeres. *(Pausa.)* Pero
¿por qué estoy yo hablando todo esto? *(Al* AMA.*)* Tú,
vete a arreglar cosas, que dentro de unos momentos
salimos de este carmen; y usted, tía, no se preocupe
de mí. *(Pausa. Al* AMA.*)* ¡Vamos! No me agrada que
me miréis así. Me molestan esas miradas de perros
fieles. *(Se va el* AMA.*)* Esas miradas de lástima que
me perturban y me indignan.

TÍA

Hija, ¿qué quieres que yo haga?

ROSITA

Dejarme como cosa perdida. *(Pausa. Se pasea.)*
Ya sé que se está usted acordando de su hermana la
solterona..., solterona como yo. Era agria y odiaba
a los niños y a toda la que se ponía un traje nuevo...,
pero yo no seré así. *(Pausa.)* Le pido perdón.

TÍA

¡Qué tontería!

*(Aparece por el fondo de la habitación un mu-
chacho de dieciocho años.)*

ROSITA

Adelante.

MUCHACHO

Pero ¿se mudan ustedes?

ROSITA

Dentro de unos minutos. Al oscurecer.

TÍA

¿Quién es?

ROSITA

Es el hijo de María.

TÍA

¿Qué María?

ROSITA

La mayor de las tres Manolas.

TÍA

¡Ah!

Las que suben a la Alhambra
las tres y las cuatro solas.
Perdona, hijo, mi mala memoria.

MUCHACHO

Me ha visto usted muy pocas veces.

TÍA

Claro, pero yo quería mucho a tu madre. ¡Qué graciosa era! Murió por la misma época que mi marido.

ROSITA

Antes.

MUCHACHO

Hace ocho años.

ROSITA

Y tiene la misma cara.

MUCHACHO

(Alegre)

Un poquito peor. Yo la tengo hecha a martillazos.

TÍA

Y las mismas salidas; ¡el mismo genio!

MUCHACHO

Pero claro que me parezco. En carnaval me puse un vestido de mi madre..., un vestido del año de la nana, verde...

ROSITA

(Melancólica)

Con lazos negros... y bullones de seda verde nilo.

MUCHACHO

Sí.

ROSITA

Y un gran lazo de terciopelo en la cintura.

MUCHACHO

El mismo.

ROSITA

Que cae a un lado y otro del polisón.

MUCHACHO

¡Exacto! ¡Qué disparate de moda! *(Se sonríe.)*

ROSITA

(Triste)

¡Era una moda bonita!

MUCHACHO

¡No me diga usted! Pues bajaba yo muerto de risa con el vejestorio puesto, llenando todo el pasillo de la casa de olor de alcanfor, y de pronto mi tía se puso a llorar amargamente porque decía que era exactamente igual que ver a mi madre. Yo me impresioné, como es natural, y dejé el traje y el antifaz sobre mi cama.

ROSITA

Como que no hay cosa más viva que un recuerdo.
Llegan a hacernos la vida imposible. Por eso yo comprendo muy bien a esas viejecillas borrachas que van
por las calles queriendo borrar el mundo, y se sientan
a cantar en los bancos del paseo.

TÍA

¿Y tu tía la casada?

MUCHACHO

Escribe desde Barcelona. Cada vez menos.

ROSITA

¿Tiene hijos?

MUCHACHO

Cuatro.

(Pausa.)

AMA

(Entrando)

Deme usted las llaves del armario. (*La* TÍA *se las
da. Por el* MUCHACHO.) Aquí, el joven, iba ayer con
su novia. Los vi por la Plaza Nueva. Ella quería ir
por un lado y él no la dejaba. *(Ríe.)*

TÍA

¡Vamos con el niño!

MUCHACHO

(Azorado)

Estábamos de broma.

AMA

¡No te pongas colorado! *(Saliendo.)*

ROSITA

¡Vamos, calla!

MUCHACHO

¡Qué jardín más precioso tienen ustedes!

ROSITA

¡Teníamos!

TÍA

Ven y corta unas flores.

MUCHACHO

Usted lo pase bien, doña Rosita.

ROSITA

¡Anda con Dios, hijo! *(Salen. La tarde está cayendo.)* ¡Doña Rosita! ¡Doña Rosita!

> Cuando se abre en la mañana
> roja como sangre está.
> La tarde la pone blanca
> con blanco de espuma y sal.
> Y cuando llega la noche
> se comienza a deshojar.

(Pausa.)

AMA

(Sale con un chal)

¡En marcha!

ROSITA

Sí, voy a echarme un abrigo.

AMA

Como he descolgado la percha, lo tienes enganchado en el tirador de la ventana.

(Entra la SOLTERONA 3.ª, *vestida de oscuro, con un velo de luto en la cabeza y la pena, que se llevaba en el año doce. Hablan bajo.)*

SOLTERONA 3.ª

¡Ama!

AMA

Por unos minutos nos encuentra aquí.

SOLTERONA 3.ª

Yo vengo a dar una lección de piano que tengo
aquí cerca y me llegué por si necesitaban ustedes algo.

AMA

¡Dios se lo pague!

SOLTERONA 3.ª

¡Qué cosa más grande!

AMA

Sí, sí; pero no me toque usted el corazón, no me
levante la gasa de la pena, porque yo soy la que tiene
que dar ánimos en este duelo sin muerto que está usted presenciando.

SOLTERONA 3.ª

Yo quisiera saludarlas.

AMA

Pero es mejor que no las vea. ¡Vaya por la otra
casa!

SOLTERONA 3.ª

Es mejor. Pero si hace falta algo, ya sabe que en
lo que pueda, aquí estoy yo.

AMA

¡Ya pasará la mala hora!

(Se oye el viento.)

SOLTERONA 3.ª

¡Se ha levantado un aire!...

AMA

Sí. Parece que va a llover.

(La SOLTERONA 3.ª *se va.)*

TÍA

(Entra)

Como siga este viento no va a quedar una rosa viva. Los cipreses de la glorieta casi tocan las paredes de mi cuarto. Parece como si alguien quisiera poner el jardín feo para que no tuviésemos pena de dejarlo.

AMA

Como precioso, precioso, no ha sido nunca. ¿Se ha puesto su abrigo? Y esta nube... Así, bien tapada. *(Se la pone.)* Ahora, cuando lleguemos, tengo la comida hecha. De postre, flan. A usted le gusta. Un flan dorado como una clavellina. *(El* AMA *habla con la voz velada por una profunda emoción.)*

(Se oye un golpe.)

TÍA

Es la puerta del invernadero. ¿Por qué no la cierras?

AMA

No se puede cerrar por la humedad.

TÍA

Estará toda la noche golpeando.

AMA

¡Como no la oiremos...!

(La escena está en una dulce penumbra de atardecer.)

TÍA

Yo, sí. Yo sí la oiré.

(Aparece ROSITA. Viene pálida, vestida de blanco, con un abrigo hasta el filo del vestido.)

AMA

(Valiente)

¡Vamos!

ROSITA

(Con voz débil)

Ha empezado a llover. Así no habrá nadie en los balcones para vernos salir.

TÍA

Es preferible.

ROSITA

(Vacila un poco, se apoya en una silla y cae sostenida por el AMA y la TÍA, que impiden su total desmayo)

«Y cuando llega la noche
se comienza a deshojar.»

(Salen, y a su mutis queda la escena sola. Se oye golpear la puerta. De pronto se abre un balcón del fondo y las blancas cortinas oscilan con el viento.)

Telón

FIN DE «DOÑA ROSITA LA SOLTERA O EL LENGUAJE
DE LAS FLORES»